LECTURA DE NARRACIONES TRANSMEDIA:
RUPTURA DE FRONTERAS Y FLUJO DE SENTIDO

ExLibric

ANDREA MEDINA TÉLLEZ GIRÓN

LECTURA DE NARRACIONES TRANSMEDIA:
RUPTURA DE FRONTERAS Y FLUJO DE SENTIDO

EXLIBRIC
ANTEQUERA 2024

LECTURA DE NARRACIONES TRANSMEDIA:
RUPTURA DE FRONTERAS Y FLUJO DE SENTIDO
© Andrea Medina Téllez Girón
Diseño de portada: Dpto. de Diseño Gráfico Exlibric

Iª edición

© ExLibric, 2024.

Editado por: ExLibric
c/ Cueva de Viera, 2, Local 3
Centro Negocios CADI
29200 Antequera (Málaga)
Teléfono: 952 70 60 04
Fax: 952 84 55 03
Correo electrónico: exlibric@exlibric.com
Internet: www.exlibric.com

ISBN: 979-13-87528-67-6
Depósito Legal: MA 3063-2024

Impresión: PODiPrint
Impreso en Andalucía – España

Nota de la editorial: ExLibric pertenece a Innovación y Cualificación S. L.

ANDREA MEDINA TÉLLEZ GIRÓN

LECTURA DE NARRACIONES TRANSMEDIA:
RUPTURA DE FRONTERAS Y FLUJO DE SENTIDO

En memoria de Aurora Téllez Girón Díaz.
Cada día te amo, te admiro y te extraño más. Gracias por llenar
mi vida de música y amor incondicional.

Contenido

Introducción

La conectividad de la red ha empujado a realizar un tipo de lectura a través de diferentes espacios textuales con diferentes clases de textos. Este tipo de lectura se define porque los lectores deben crear un hilo conductor que atraviese diferentes textos multimodales. El conjunto de textos multimodales, que son de diferentes autores y se encuentran en diferentes espacios textuales, conforma un entorno transmedia. El entorno transmedia puede ser de dos tipos: los seleccionados por el lector, sobre los cuales construye una narrativa transmedia, y los ya ensamblados por un equipo de producción.

Sobre el primer grupo, los lectores ensamblan los textos por medio de un hilo conductor que ellos mismos crean, lo cual ayuda a que los textos se conviertan en un mundo referencial. Aquí entran las diferentes literacidades y metodologías de investigación que permiten la búsqueda, la selección, la organización y la redacción, sea cual fuere la modalidad que tome el texto, para manifestar el hilo conductor. Todas estas acciones giran en torno a una pregunta, duda o cuestionamiento, que es el gatillo de la lectura. El lector mezcla en su horizonte las lecturas multimodales que ha interiorizado y crea un hilo conductor que se transforma en la proposición de su narración. Esta se ensancha en capítulos, apartados, subapartados o toma la forma del género al que se afilie para explicar su proposición. La proposición, el hilo conductor, cruza los diferentes espacios textuales consultados y reelaborados bajo la visión del lector, que se ha convertido en autor. Este crea la narración a partir de su eje proposicional; el movimiento de significado es centrífugo en el sentido de que la proposición atrae hacia un género específico los diversos textos mediáticos, tal como hacen estos capítulos.

En el segundo grupo, se encuentran las narrativas transmedia de ficción y no ficción que giran en torno a una proposición dispersada en diferentes espacios textuales y ensamblados por un productor. Se trata del sentido inverso, un movimiento centrífugo que distribuye la proposición en diferentes espacios textuales. La narración puede ser de no ficción o de ficción, con la que estamos más familiarizados. Un ejemplo de una narración transmedia de no ficción será si dispusiéramos estos capítulos en una miniserie, a una entrevista a los escritores de los cuentos de ficción, y realizar un docushow sobre los entornos de no ficción, obviamente motivando y promoviendo la participación de los que se acercan a este texto.

Dado que los entornos transmedia se componen de la suma de varios textos, el significado, por ende, se supone contenido en un texto principal que sirve de entrada al usuario y se amplía en el resto de los textos, a la vez que se ratifica y detalla. El lector reconstruye este significado coleccionándolo de cada uno de los textos. De esta forma, ¿qué patrón de movimiento de significado se efectúa en los entornos transmedia? Ya sea para formular la proposición, el hilo conductor, o para leer esta proposición dispersa, requerimos de una guía que pueda aplicarse a diferentes textos multimodales que faciliten el proceso lector. Se han ubicado cuatro que fueron elaboradas con la intención de favorecer la lectura de cualquier tipo de texto, en este caso, de entornos transmedia. ¿Cuál de ellas será la más adecuada para realizar una lectura que permita detectar el movimiento de significado en los diferentes espacios textuales que componen el entorno transmedia? La narrativa transmedia es un mundo pequeño y controlado de cómo funciona la translectura. De ahí la importancia de valorar guías lectoras que ayuden a leer este mundo y puedan ser replicadas en un mundo textual no controlado por un solo productor.

Se ha creado un andamiaje histórico-cultural, que corresponde al primer capítulo, en el que, desde un enfoque de los polisistemas culturales, se explica el desplazamiento de lo transmedia hacia la narración. En este capítulo se describen las primeras menciones a la narrativa transmedia en el movimiento *Transmedia Explorations*, en la obra musical de Smith Saunders y en el objetivo literario de William Gass. Estas serán manifestaciones de una gesta anterior, en la que se aprecian movimientos migratorios de material externo del sistema cultural hacia su núcleo. Desde este, se irradia, actualmente, lo popular de las narrativas transmedia.

El segundo capítulo trata el tema de lo nuevo en las narrativas transmedia, ya que se parte de la idea de que es un macrogénero que conjunta textos heterogéneos bajo una organización y conexión de contenido. Al hacerlo, emplea diferentes estrategias para mantener un arco narrativo a través de diferentes espacios textuales, en los que fluye el significado de la narración. En el capítulo se plantea la novedad de la narración transmedia como un nuevo género; que emplea, en segundo lugar, diferentes estrategias para desplazarse a través de otros espacios textuales, como la transficción, la transmediación y la transversalización; y, en tercer lugar, esto implica un movimiento de significado que esparce el diseñador de contenido y que debe rastrear el lector, ahora translector. El movimiento de significado implica el movimiento narrativo, visto desde las *mythoi* de Northrop Frye, entre espacios textuales, en el que propongo, a manera de hipótesis de trabajo, una tipología; el movimiento de la experiencia siguiendo las pasiones de Fontanille, la participación de la audiencia en sintonía con Gambarato, y la coyuntura con el mapa socioeconómico, tomando en cuenta a Adam y Baker.

El tercer capítulo es una valoración de cuatro guías lectoras para analizar artefactos que emplean narrativa transmedia. La selección de casos se realizó con base en los siguientes criterios: poseer un sustento teórico; tener un enfoque centrado en la práctica; estar dirigido a un público estudiantil/universitario; carecer de tecnicismos; y ser didáctico (explicar y aplicar sus componentes). Se encontraron cuatro propuestas: Daniel Chandler (1997), Lars Elleström (2021), Bill Cope y Mary Kalantazis (2020) y Renira Gambarato (2020). Para la valoración, se siguió la metodología de Charles Raguin en las etapas de selección de casos, uso de marcos analíticos, empleo del método comparativo, especificación de condiciones y los resultados de la comparación. En la especificación de condiciones, se realizó un grupo focal con docentes y estudiantes de la Especialización en Promoción Lectora de la Universidad Veracruzana, sede Córdoba-Orizaba, México. Se encontró que la guía con mayor aplicabilidad fue la de Daniel Chandler.

El cuarto capítulo se aboca a los resultados del análisis tras aplicar la guía de Chandler a la narración transmedia de ficción *La escritora fantasma* (2018) de María Luisa Zorrilla y la narración transmedia de no ficción *Ermitaños* (2019), dirigida por Daniela Uribe. El análisis enfatiza el movimiento de significado planteado en el capítulo II.

El quinto capítulo se enfoca en dar respuesta a la pregunta de qué diferencia hay entre la translectura y la lectura tradicional. Bajo este entendido, se propone que la diferencia reside en el grado de complejidad, por la presencia de artefactos diversos y multimodales, que densifican el procesamiento de información y la creación de un patrón común en medio de la diferencia y diversidad. La translectura se explica como el proceso del intertexto lector, fincado en el modelo de documentos múltiples. Se apreciará que el término *lectura transmedia* se ha empleado como gatillo para abordar este tipo de entornos. A la par, se revisan las competencias que le corresponden a la alfabetización mediática e informacional, propuestas por el marco de la UNESCO.

El capítulo III y V contaron con la financiación del Consejo Nacional de Humanidades, Ciencia y Tecnologías (CONAHCYT) en 2024, EPM 401029.

I

La urdimbre del espíritu transmedia

*While we cannot setle the issue of transmedia novelty
here, we can note the history of which it is part*
Irwin 2004, p. 237[1]

Henry Jenkins, ya desde 2006, refirió que la primera mención
de la narración transmedia fue realizada de manera oficial por
Marsha Kinder (p. 265). Ella definió el concepto de transmedia
como «[an] intertextual relations across different narrative media»
(1991, p. 1) y lo denominó un supersistema de intertextualidad
transmedia (p. 3). Sobre este término, Jenkins construiría, a través
de sus múltiples observaciones de la cultura de los seguidores,
ciertas características que definen a la narración transmedia, tales
como la participación de los espectadores, la construcción de
comunidades de seguidores, el monopolio del entretenimiento,
la contribución de cada plataforma a la narración, los paratextos
alrededor de las grandes producciones, entre otros.

Sin embargo, Kinder no es «la primera» en exponer este fenómeno. La transgresión de fronteras entre medios, la extensión
de narraciones, la participación del lector y el monopolio del

---

[1]   Se emplea en cursiva «transmedia» en sustitución por «intertextuality» del original.

entretenimiento tienen sus antecedentes en el boom que trajo la imprenta y los pliegos de cordel (Medina Téllez Girón, en prensa). Otros investigadores han señalado que las primeras menciones se encuentran en el arte comunal *Transmedia Explorations* (Ojamaa, 2015, p. 5), en la música experimental de Stuart Smith (Renó, 2012, p. 225) y en la producción literaria de William Gass (Hovious, 2018, p. 3).

Estos investigadores no abordan la temática de lo que identifican como las primeras menciones de la palabra transmedia, antes de que el término adquiriera popularidad. Considero importante trazar sus influencias e interrelaciones con el objetivo de explicar cómo el fenómeno transmedia pertenece a una tradición de ruptura que se ha urdido a lo largo del tiempo, dado que nada es *ex nihilo*. No se pretende que este sea un estudio de fuentes, sino más bien se ocupa en trazar cómo se fue originado y desplazando la idea transmedia, que he denominado *espíritu transmedia*. Con este término identifico la participación de los lectores, el lector como productor y generador de sentido, y el ensanchamiento a otros medios o la incorporación de la narración de otros elementos de otros medios. Para ello, retomaré la teoría del polisistema cultural, la cual explica el desplazamiento de elementos marginales al centro del sistema, desde el cual se dictan los cánones que lo rigen.

La premisa de este capítulo es que existe un *espíritu transmedia* que antecede al término y lo liga a una tradición larga, caracterizada por la transgresión de fronteras, la extensión de narración, la participación del lector y el monopolio textual. Se presta especial atención a manifestaciones de mediados del siglo XX, las cuales se relacionan con movimientos e ideas previas que ya existían en la sociedad. En el trazo diacrónico que se plantea en este ensayo, se aprecia un caldo de cultivo que ya rondaba en el quehacer de diversos sistemas culturales, antes de que la narración transmedia estuviera en boga.

Este capítulo se organiza en diferentes paradas para cumplir el recorrido. La primera corresponde a la teoría del polisistema cultural planteada por Itamar Even-Zohar (1979). En la segunda parada se describirán brevemente las primeras menciones de transmedia: *Transmedia Explorations*, Smith y Gass. La tercera parada es inscribir sus propuestas dentro del *espíritu transmedia* que se venía gestando siglos atrás, para observar los movimientos migratorios de material de lo externo al sistema hacia el núcleo. La última parte corresponde al cierre del capítulo.

Polisistemas de cultura

Itamar Even-Zohar (1979), en su ensayo sobre la teoría de los polisistemas, explica las causas que originan una transformación en un sistema y cómo esta se irradia hacia los demás hasta cubrirlos. El lector de Zohar podrá encontrar en su propuesta un balance entre Imre Lakatos, discípulo de Popper, y Thomas Kuhn. Sobre el primero comparte la idea del programa (paradigma) que rige al sistema y tiende a modificarse y reestructurarse, incorporando desde su núcleo otros programas, adaptándolos a él o modificándose a ellos. Con el segundo, retoma la idea de que un programa puede entrar en crisis y desaparecer. Me centraré únicamente en explicar esta dinámica, ya que es la que sirve de marco para comprender la aceptación e influencia progresiva de la narración transmedia.

Un polisistema es «un sistema múltiple, un sistema de varios sistemas con intersecciones y superposiciones mutuas, que usa diferentes opciones concurrentes pero que funcionan como un único estructurado» (p. 10). De tal forma que el sistema musical se yuxtapone con el político, este con el económico, este con el social, etc., y juntos forman el polisistema. Los sistemas, al estar superpuestos, comparten material, lo intercambian o este se desplaza de un sistema a otro. Las transferencias entre los sistemas las explica más amplia y profundamente la Escuela de Tartú.

Un polisistema posee tantos núcleos como sistemas lo compongan. Cada sistema tendrá un núcleo y material que se genera en el sistema o es importado de otro. El núcleo es el centro que irradia al sistema lo que es aceptable o no. El material cultural orbita alrededor del centro intentando tomar su lugar; puede ser material atraído por el centro o rechazado por él. Zohar describe al sistema a partir de dos pares opuestos que lo mantienen vitalizado: el par canónico-no canónico, que explica la dinámica del material cultural; y el par primario-secundario de los núcleos.

El canónico se refiere a los principios productivos: repertorios, normas, leyes que rigen la producción de los textos que sirven de modelo para todo el sistema. Lo canónico es aquello que se acepta como legítimo, forma parte de la herencia histórica, por lo cual es celosamente resguardado por un círculo que detenta poder para mantenerlo y preservarlo. El núcleo de cada sistema se conforma por aquello que es canónico o ha adquirido el estatus de canonizado.

Lo no canónico es lo contrario: todo aquel repertorio, normas o material que es ilegítimo. Su duración en el sistema puede ser efímero y olvidado o bien puede convertirse en un epígono. Es decir, en un repertorio (conjunto de temas, motivos, influencias, estilo, ideología...) que se mantiene por mucho tiempo en las órbitas externas del sistema. Durante ese tiempo se engrosa hasta adquirir reconocimiento por el núcleo y ser integrado a él, o bien adquiere la suficiente fuerza para desplazar al material canónico y ocupar su lugar. El grupo detentor puede adquirir parte del repertorio no canónico y canonizarlo o modificar el repertorio para institucionalizarlo y dejar de ser una amenaza: «Así que hay fenómenos que son arrastrados del centro a la periferia y otros se abren paso al centro y lo ocupan; puede ser que una vez en la periferia de un sistema, sea transformado en otro» (p. 6). El movimiento del material cultural puede ser desplazado incluso a otro sistema en el que sí puede tener mayor recepción.

En cuanto a los sistemas, la dinámica en ellos es primaria cuando el material no canónico rompe con la continuidad de los modelos. Es secundario cuando el modelo canónico incorpora nuevos elementos no canónicos; también puede traducirlos a términos viejos, imponerles funciones anteriores, en fin, todas las acciones de modificación para no ser desplazado (p. 15). La contraposición y tensión constante entre lo canónico y lo no canónico mantiene el dinamismo del sistema.

Si partimos de que «los textos, más que desempeñar un papel en los procesos de canonización, son el resultado de estos procesos» (p. 18), entonces, ¿cómo puede existir un material o texto no canónico si todo el sistema es producto de él? Zohar no explica con amplitud este tema, pero apunta al reciclaje, transferencia y transformación. Los sistemas, al estar sobrepuestos comparten el material en sus periferias, que ingresan al sistema; para que ocurra ese desplazamiento se requiere de una transferencia, y esta de una transformación del material externo al interno del sistema. Lotman lo explica ampliamente, pues el material externo debe ser traducido a los términos y códigos internos del sistema para que esté habilitado y se pueda hacer uso de él. En este proceso de transformación existen cambios sustanciales en el material, al igual que dentro del sistema receptor, pues la aceptación del material hace que se vaya personalizando en un sinfín de apropiaciones/transformaciones diversas.

Epígonos transmedia

En esta sección abordaré las características de lo que se ha identificado como «primeras menciones de la narración transmedia»: *Transmedia Explorations*, Smith Saunders y William Gass. En orden de aparición, estos pertenecen a los sistemas de teatro, música y literatura.

Transmedia Explorations: fusión de fronteras vida-arte

Transmedia Explorations fue una comuna en Reino Unido liderada por Gerald Fitzgerald, de vida e impacto efímero. Nació con el deseo de prolongar la dinámica de su grupo origen, The Exploting Galaxy (TEG), después de haberse disuelto en 1969. TEG (1967-69) fue fundado por David Medalla, un artista filipino radicado en Londres, tras agotar su vena creativa en la revista *Signals*. La idea que sustentaba a TEG era crear situaciones en las que la danza, poesía, canto, pintura y escultura cooperaran penetrándose una a la otra; y la necesidad de *to break down the invisible barrier between* «creator» *and* «spectator» *(for art to become) a living process* (Medalla, 1968, p. 1); también de que el arte era vida y la vida era arte. Medalla le dio nombre a TEG para dar cabida a diferentes tipos de personas, personalidades, contextos, ambiciones, etc., motivándolos a tener una visión kinética y transformadora de la realidad (Brett, 1985, p. 76).

Brett considera que TEG fue la típica comuna hippie anárquica a la que casi todos se asociaron en los años 1960 (1995, p. 67). Él rescata que la dinámica al interior era libre, y Medalla organizaba encuentros como *the beins, love-ins, think-ins, and other gatherings of the time*, que seguían la estructura del trabajo de arte participativo propuesto por Medalla (p. 123). La comuna vivía bajo una metáfora continua e intercambiable del arte-vida, discutían sobre hervir agua para preparar té, desafiaban el uso convencional de las cosas como convertir un autobús en una iglesia, usar una almohada como sombrero; incluso los desechos tenían una función poética en las improvisaciones (Drower, 2008, p. 234). Ningún participante tenía un rol ni función específica, el mundo era el escenario y viceversa; el espectador era también actor y al revés; realizaban sus actuaciones en espacios abiertos o públicos como un parque, autobús, acera, etc.

Brett documenta, con un pie de foto relativo al *performance* Bird Ballet el 1 de enero de 1967, el uso de la palabra *transmedia a kinetic confluence of trans-media explorers* (1995, p. 203). Drower escribe que era común crear nuevas combinaciones de palabras como *rain shells* o *quaqaversal*, este último para referirse al movimiento a través de los modos convencionales (2008, p. 235). Seguramente, «transmedia» nació con uno de estos fines, y siempre va acompañada de la palabra «exploradores» para calificar a los integrantes de la comuna que participaron en la creación de su nuevo arte. Este término después fue ocupado por Gerald Fitzgerald cuando inició su propia comuna, Transmedia Explorations, ya que era una palabra con la que cualquier integrante de TEG podía identificarse. La disolución de TEG se debió, de acuerdo a Drower, a la cuestión monetaria, en la que la mecenas Sylvina favorecía solo a unos; a las continuas redadas que hacía la policía y a la antítesis de fondo entre el enfoque de Fitzgerald y Medalla. Mientras que el primero tenía un corte dadaísta y surrealista de experiencias psicodélicas de LSD, el segundo usaba mucho los mitos e historias fantásticas del budismo.

William Gass y la convergencia de medios en la ficción

William Gass fue un filósofo y escritor estadounidense (1924-2017). En sus novelas existe una preocupación por el lenguaje que aborda desde la perspectiva filosófica. Entre su producción, la más popular es *Willie Master's Lonesome Wife* (1968) y *On Being Blue: A Philosophycal Inquiry* (1975). Me centraré en la primera por ser la que refiere Hovious como primera mención.

Esta novela apareció publicada en el suplemento de *TriQuarterly Magazine* y trata de Babs, la esposa de Willie Master, que tiene una relación sexual con Phill Gelvin, a quien parece amar, pero sin ser correspondida. Gass no pretende contar una historia, sino interrogar el proceso de contarla (Saltzman, 1986, p. 105). La novela incorpora diferentes recursos paratextuales, los cuales acompañan y forman parte de la narración. Siguiendo a Saltzman, el libro se organiza por secciones de acuerdo con un código de color que es secuencial: el azul representa el cuerpo de Babs en reposo; el color verde oliva, el deseo sexual; el rojo, la excitación y el coito; y el blanco satinado, las divagaciones mentales de Babs. Otros recursos son: globos de conversación, caligramas, huellas de la base de una taza de café, asteriscos, cuadros de texto, notas musicales, fotografías, glosas y diferentes tipografías que emplea. Existe una página, no numerada, en la que la de la derecha es el reflejo de la izquierda. La portada de la primera edición muestra el cuerpo desnudo de una mujer, desde el cuello hasta la cadera, y la contraportada, de la espalda a las nalgas. Hay varias fotografías de desnudo de la mujer que representa a Babs.

No existe una trama en sí; la novela se forma por pensamientos de asociación libre, aunque el eje central de la novela es Babs. Esto la convierte en una metáfora que le sirve a Gass para ilustrar y discutir los problemas del lenguaje de manera didáctica. Si partimos de que, para Gass, los personajes son sustancias primarias a las que se adhiere el significado creado (Saltzman, p. 21), entonces en la novela los tres personajes simbolizan, según Hix (2002, p. 69): Babs, al lenguaje; Phill, al lector; y Willie, el maestro del lenguaje, el que ama y logra poseerlo, el autor, en alusión a William Shakespeare. El lenguaje se presenta antropomorfizado en la figura de Babs; como ella es una prostituta, todos lo usamos, y, como su esposo, la reconocemos por sus genitales, los cuales nos hace funcionar en la sociedad, manteniendo una relación de transacción sin intereses de por medio. Esto implica que nadie ama las palabras. El lector, Phill Gelvin (*fill her*), no logra satisfacer la necesidad de Babs, del lenguaje, para hacerla alcanzar su plenitud. Por lo que se confina al lenguaje a permanecer cerrado en sí mismo, como la fotografía de la mujer al inicio de la sección en blanco.

Hovious (2018) confunde la transliteracidad entendida por Gass con la transliteracidad lectora, aún empalmada con la literacidad transmedia. Wolfshol (1989) usó un título sugerente en su ensayo sobre Gass al asociarlo con transliteracidad. La transliteracidad de Wolfshohl, y como es entendida por el propio Gass, está emparentada con la transducción de Jakobson. Es decir, es la traducción al lenguaje impreso de otros lenguajes, como la fotografía, música, dibujos, etc., por la modalidad visual que tienen en común. En este sentido, este juego dentro de la narración genera una epifanía del sentido. La transliteracidad, entendida así, no es la misma a la que apunta Hovious, que se refiere a la capacidad de tener un núcleo de competencias de gestión de información que puedan aplicarse en todos los medios y esferas de acción del sujeto.

Smith: el sistema transmedia, un lenguaje interartístico

Stuart Saunders Smith es un músico percusionista cuyo trabajo se centró en partituras para percusiones móviles de formato abierto, composiciones vocales habladas, composiciones para vibráfono y los sistemas transmedia. Según Welsh (1995), Smith creó el primer sistema transmedia en 1975 (p. 337) con base en este compuso tres piezas *Return and Recall* (1976) para percusión, flauta, clarinete, violín, guitarra, actores y actriz; *Initiatives and Reactions* (1976) dos percusionistas, dos bailarines, tanto *Return* como esta tienen una duración de diez a treinta minutos; y *Transitions and Leaps* (1990) con una duración de veinte a sesenta minutos.

El sistema transmedia es un metalenguaje que emplea ideogramas y pictogramas (Welsh, 1995, p. 337) para hacer converger en él las diferentes notaciones artísticas (Figura 1). Mediante estos símbolos, Smith compone una pieza en la que da instrucciones de tareas como: «Imita un aspecto de un evento que has experimentado y haz más ruidoso uno de sus elementos». Smith explica que los pictogramas son ideas generales y, al mismo tiempo, son específicos sobre qué hacer (Sauer, 2008, p. 4). El objetivo de Smith al crear el sistema transmedia fue que los artistas pudieran acceder al texto sin necesidad de tener uno específico para cada uno, permitiendo que actores, bailarines, músicos y mimos puedan interpretarlo. La partitura transmedia se centra en el proceso, en el qué se debe hacer (aprender la notación e instrucciones) y en cómo se debe hacer (ejecución) (Fiore, 1983, p. 1). Los sistemas transmedia no especifican el material de trabajo ni los detalles, dejándolos a los intérpretes.

Figura 1
Transitions and Leaps, p. 3

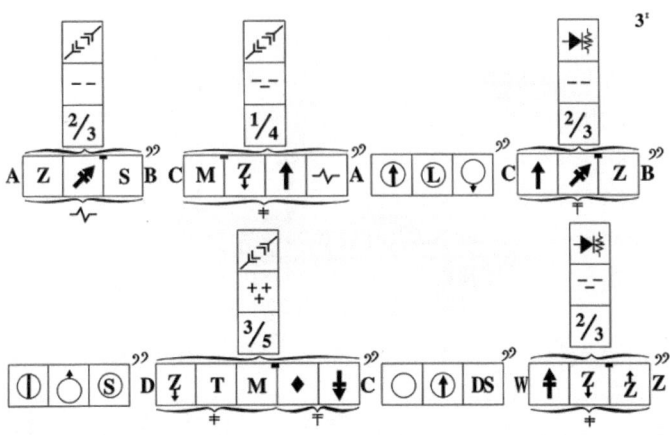

Nota: Tomado de Muller (2014), p. 11

Smith declaró que el sistema transmedia era como inventar un lenguaje compuesto de verbos sin sustantivos; estos estaban implícitos en los verbos (Welsh, 1995, p. 7). Los sustantivos están suprimidos para que cada colectivo de artistas ejecutantes tenga un espacio en blanco de libre expresión, para dar rienda suelta a su propia interpretación y ser cocreadores del sistema transmedia. El hecho de que el sistema retenga los verbos es para que exista una unidad entre actuación y actuación a lo largo del tiempo. Es decir, para que la obra no se deforme al grado de que no sea reconocible su estructura.

En *Transitions and Leaps* se leen los saltos entre integrantes que representan los sistemas artísticos y las transiciones de acciones entre ellos. Como he escrito en otras ocasiones, es una suerte de caleidoscopio en el que cada movimiento, cada verbo, trae un reacomodo en el panorama, y esas transiciones dan una perspectiva distinta, aun cuando sean los mismos elementos.

He titulado a esta sección «epígonos transmedia» porque la palabra *transmedia* con Medalla, Gass y Smith hizo eco en años posteriores dentro del sistema. Los autores revisados son la conexión entre el pasado anterior a ellos y la normalización o institucionalización de sus ideas a inicios del siglo XXI. Tan es así que se aprecian claramente características que la narrativa transmedia retoma: el lector que se transforma de un espectador pasivo a activo; el ejecutante que, como lector, se convierte en un cocreador del texto (partitura); la conexión entre la vida cotidiana y las creaciones; la unión de las artes, ya sea que estas confluyan en un texto (partitura, performance, novela) o que el texto las disperse en otros artefactos.

Aunque ellos no inician el fenómeno transmedia ni rompen con el canon impuesto, sí formaron parte de un conglomerado de creadores, teóricos y movimientos que se convirtieron en puntos de presión sobre el núcleo del polisistema. TEG, *Willie Master's* o *Return and Recall* fueron producto de la época contestataria que se vivió en 1960 y 1970 e hicieron evidente una ruptura que se venía gestando desde siglos atrás.

De mendigo a rey: el espíritu transmedia

Ya que los artistas de la sección anterior formaban parte de un movimiento contestatario surgido antes de ellos al canon que imponía el núcleo, ¿cómo llegaron ahí y aquí?

En este apartado pretendo bocetar las raíces del espíritu transmedia. Entiendo que hacer un recuento histórico conlleva un proceso de síntesis en el que, potencialmente, se pierden muchas sutilezas que marcan la diferencia en una época histórica o corriente de pensamiento. Estos matices, sin embargo, debo pasarlos por alto para extraer de este breve recorrido (a manera de salto de charco) el espíritu transmedia. De ahí que solo retome lo que «conviene» a este fin. Espero que el lector sepa disculpar y comprender el pecado de la generalidad en la que se navegará. Para evitar que la generalidad nos lleve a conclusiones erróneas, retomo producciones y autores específicos que nos servirán de brújula en este recorrido. A lo largo de él iré ubicando las raíces del pensamiento de Medalla en su proyecto TEG, de Gass en *Willie Master's* y los sistemas transmedia de Smith.

Una narración en muchos medios

Nuestros antepasados vivían inmersos en el rito y el culto; la cosmogonía y la historia de los dioses se dispersaban en todos los medios existentes, y daban forma a su mundo. Por ejemplo, Károly Kerényi (2011) estudió a profundidad el mito de Dionisio, reconstruyó su vida a partir de las narraciones o referencias que hacían de él en varios textos, como *Metamorfosis* de Ovidio, la *Iliada* y la *Odisea* de Homero, la biblioteca de Apolodoro, las comedias de Aristófanes, las tragedias de Eurípides, Hesíodo, Justino, Pausanias, estatuas, vasijas, frescos de Pompeya, entre otros. Por medio de estas fuentes, Kerényi logró formar una línea de tiempo de las etapas de la vida de Dionisio, qué historias habían migrado y cómo se reformularon en otras latitudes. Además de esto, incluyó diversas festividades aparte de las dionisíacas. Dionisio no era el único dios; había más que vivían a través de sus diferentes representaciones mediáticas en el mundo humano, y la gente vivía inundada de su presencia todos los meses del año.

La llegada de la escritura supuso lo que las *Ruinas de Kash* de Calasso describen de esta experiencia inmersiva en la narración, ya que quedó subyugada solo a la palabra escrita, en la que se había efectuado una transustanciación del pasado culto. El cristianismo logró recuperar el mundo inmersivo por medio de una mononarración: la de la Biblia, y el rito y culto que giraron alrededor de ella. La experiencia participativa quedó a resguardo de la palabra escrita; el paso de lo oral a lo escrito terminó por acotar la realidad a este.

Tanto en el mundo pagano como en el cristiano, la deidad funge como núcleo del polisistema, ella irradia la narración que todos consumen. Sin embargo, hay una enorme diferencia: en el mundo antiguo, se creaba la narración en su paso de generación a generación, y de una nación a otra. Así, Dionisio se encuentra en la cultura griega, pero también en Asia Menor, en la India, en Egipto, en España; traza una evolución del dios en sus diferentes etapas como rey, dios, guerrero, hombre, joven pasional, adulto y anciano. Estas narraciones eran divergentes en las culturas, es decir, su historia se nutría de esos agregados que la gente hacía por las experiencias que tenía con la divinidad o que había escuchado de otros. La narración mítica tenía esa flexibilidad de arropar en ella diferentes historias, aun contradictorias.

El cristianismo, por su parte, es convergente: todo el mundo artístico, religioso, incluso político, emanaba de las Escrituras, que estaban atadas a una institución y sus concilios. Estos eran el grupo detentor que aceptaba o no lo aceptable al canon. La vida dependía de la interpretación que esta institución hacía sobre sus Escrituras. Esta institución religiosa, como escribe Jenkins (2006), dispersó la vida de Cristo en diferentes espacios: mosaicos, vitrales, pinturas, esculturas, obras de teatro, literatura, etc. La autoridad que habían adquirido del cielo era suficiente para crear un mecanismo de obediencia y temor a Dios, por medio de la Inquisición, que sirvió de freno a la formación de material no canónico, de ahí las torturas quemas de personas y libros.

En este periodo se vivía el espíritu transmedia en el sentido de que la narración se encontraba dispersa en diferentes medios. La institución religiosa cristiana logró suprimir y mantener a raya la participación en la mononarración; nadie podía ser un cocreador ni aliarse en comunidades según su interpretación. El gobierno del signo es que existe un significado y un significante que se corresponden; lo que es arriba en el cielo, así también en la tierra, uno es reflejo del otro. La libertad de creación de los antiguos aedos fue recuperada por los trovadores, y cuando se creía que habían desaparecido, sonaban los pregones de los ciegos de cordel.

Golpeando la gran narración

La llegada de la imprenta introdujo otra manera de relacionarse con las Escrituras. El texto que daba unidad a ese mundo fue golpeado por la reforma protestante y con la traducción/traición del texto sagrado a diferentes idiomas «vulgares». Denzell Richards (2017), al historiar la narrativa transmedia en los cuentos populares, el cristianismo y la dinastía Tudor, agrega también a Luis XIV. Estos reyes son un ejemplo de la imposición de su narrativa, empleando diferentes medios. En el caso de Enrique VII, Richards expone el uso constante de la heráldica como símbolo de paz entre las casas de Lancaster y York, además de la propaganda detrás del púlpito, los libros, los retratos, la arquitectura. Lo mismo sucedió con Luis XIV, el Rey Sol, que remitizó a Apolo en la cultura visual de su época, dispersa en las diferentes pinturas, moda y arquitectura. Sea la iglesia o el poder del rey, ambos siguen un mismo mecanismo: el poder de la narración que se irradia en diversos espacios, textos y objetos, imponiendo su ideología y reafirmando su poder.

La Biblia no fue el único libro que se imprimió; comenzaron a circular pliegos que eran adaptaciones del canon manuscrito que la élite custodiaba. Estos pliegos iban desde síntesis hasta versiones libres de esos manuscritos, muchos de ellos sobre amor cortés. Los pliegos recuperaban las ilustraciones de los libros iluminados y se introdujeron técnicas para abarcar a un público amplio y diverso, como los encabezados llamativos, la participación implícita del lector al incluirlo con marcas lingüísticas comunes en la oralidad, mantener el suspenso de pliego en pliego, entre otras. El emporio de los pliegos de cordel en España, Portugal, Francia, Alemania e Inglaterra fue creciendo, y también fue sancionado si se imprimía algo en contra de la moral cristiana y de la Iglesia. La institución eclesiástica seguía con vida al mantener la limpieza de los textos, teniendo una lista de los que eran vetados.

El espíritu dionisíaco, en contra de la iglesia y después contra la racionalidad, comenzó a florecer plenamente en el Sturm und Drang. Sin embargo, Ilia Galán (2013) explica que el sentimiento del romanticismo ya estaba presente poco antes de Goethe, en la fertilidad de los intereses de la población por los monasterios, abadías, la fascinación por las ruinas, la inclinación por filósofos como Locke o Addison, por los *Cantos de Ossian* recopilados y recompuestos por McPherson en 1765 y la producción de Chatterton. En cuanto a la música, uno de los hijos de Bach, Carl Philipp Emanuel Bach, fue conocido por innovar la composición. Él manifestaba más expresividad instrumental, casi fantástica, al reemplazar las fórmulas melódicas convencionales con pasajes largos y volubles, tratando de recrear en la música los adornos y cadencias escritas (Schulenberg, 2017, pp. 90-92).

Aprecio en los siglos XVIII y XIX tres fenómenos de lo que he denominado el espíritu transmedia. El primero es la transmediación, como en *Willie Master's*, que es la transformación de una cualidad de un medio a otro. Es lo mismo que hacía Emanuel Bach y que se observa en *Vida y opiniones de Tristram Shandy, caballero* de Laurence Sterne.

El segundo es la cultura de consumo que surge alrededor de un texto de ficción y que se podría calificar como los primeros fans de Werther y Atala.

El tercero es la articulación de las manifestaciones artísticas. En ellas no hay una transmediación, sino una articulación conjunta que conforma un solo texto. También se da prioridad a crear experiencias en la audiencia. Esto se ha explicado en *TEG* y Smith, cuyas ideas tienen su raíz en las de Wagner y Nietzsche.

Tristram y los juegos visuales

La novela *Vida y opiniones de Tristram Shandy, caballero* (1759-1767) de Laurence Sterne trasciende en el tiempo por el uso del flujo libre de la consciencia, la libre asociación, la metanarración, falta de trama central, entre otros. El uso de elementos visuales, además de las palabras, se transforma de ser complementario a formar parte del texto. Las imágenes, como complemento narrativo, pueden ser ornamentales, como la explotación de las formas de los grafemas para embellecer el libro físico. También pueden ilustrar lo que se está narrando. En *Tristram Shandy* encontramos otros elementos visuales que, a diferencia de las ilustraciones, no sirven para embellecer ni ejemplificar, sino que forman parte de la narración. ¿Cómo?

Lancelot y Arnauld (Port-Royal) podrían haber explicado estos juegos encontrando la relación entre las letras y caracteres que usaba Sterne para transmitir sus aspectos mentales internos. Sin embargo, es probable que la mayor parte de la población haya partido de la disonancia entre lo escrito y la realidad física externa. Dado que las palabras son a su vez imagen y sonido, el libro de *Tristram Shandy* las hace explotar al llevarlas a lo casi absurdo de la realidad.

El texto escrito, al ser visual, juega con la modalidad también visual de imágenes, líneas, asteriscos, que socavan la relación de significado-significante de los signos escritos. La mezcla de guiones, asteriscos, color de hojas, tiene una visualidad que no se traduce en sonido y le da un significado distinto al texto escrito. Este no puede leerse ni entenderse sin todo el aparato visual de formas silentes. Así, los elementos visuales ponen en entredicho la reciprocidad entre el significado y el significante. Cuando Tristram traza una línea (vol. 3, cap. LXXXIII), existen cuatro interpretaciones: una línea, el camino a Dios, la rectitud moral, el surco para sembrar y una recomendación a las mujeres para confeccionar sus vestidos. El uso de palabras que apuntan a otros significados connotados quiebra la relación que, después, Saussure declararía del signo y, por lo tanto, ni la lectura ni la experiencia lectora serán las mismas; así como ninguna palabra es reflejo de la realidad.

Estos experimentos, sobre todo el de la página en blanco/negro y marmoleada, no son nuevos para la generación de Sterne; era algo que hacían los literatos. Aun así, la novedad de este autor fue la problemática que lo escrito/visual representaban para el lector (Williams, 2005, p.334, 335), lo cual hizo mejor que sus colegas.

Tristram Shandy, al igual que *El ingenioso hidalgo Don Quijote de la Mancha*, asisten al derrumbamiento del lenguaje con la introducción de un tercero, el interpretante, ambos textos que son el cimiento de la novela moderna.

Lo contestario en *Tristram Shandy* respecto al núcleo que ostentaba el canon era, en lo eclesiástico, el tema sexual y corporal, acompañado de la disociación palabra-referente; y respecto a la Ilustración, la asociación libre de pensamiento.

En esta afluente se conecta la novela de Gass, *Willie Master's*, que comparte con *Tristram Shandy*. Schiff (2003) identifica algunos puntos en común: uso de asteriscos, color de páginas, tema sexual, alteración de la secuencia de lectura, uso de pies de página, líneas, páginas en blanco, metaficción. Por obviedad, el estilo satírico, irónico y cómico de Laurence no lo tiene Gass, quien prefiere, aún con el tema sexual, un tono más serio, filosófico.

Quiero retomar el quiebre de fronteras entre los referentes y la ficción, el lector y el libro. Algo muy común que ocurre en la ficción es el tradicional y añejo puente que se tiende entre el mundo referencial y la ficción; no obstante, aunque ambos estén hechos de palabras, no tienen un estrato ontológico equivalente (Hix, 2002, p. 8). Gass quiebra este vaso comunicante con el referente: ningún hombre encontrará su «salchicha» (pene) en el pan de su desayuno. Las alusiones sexuales de la viuda Wadman se rompen en Gass, ya que hay una sustitución literal. Las palabras juegan con sus significados, contextos y destinatarios.

En la novela no hay una causalidad como en la realidad extraliteraria, pero sí un supuesto, como si fuera un ensayo, que es lo que le da sustento a la narrativa. Esta es la razón por la que el autor arroja al lector de la ficción, marcando que él no pertenece a ese mundo, constructo verbal perenne, sino que es un ser mortal. Le advierte del café, de la leche, de los dragones, de la vuelta a la vida, marcando el ombligo en el ciclo, ahora en la vida.

La frontera entre el lector y el libro se estrecha. El lector, por el hecho de abrir el libro, que es el cuerpo de Babs, se coloca en la posición de Phil, pero también es un testigo de esa relación. Gass califica a los lectores de voyeristas, ya que, por medio de lo que observa a través de las palabras, puede tener placer, excitación, interés o lo contrario. No es que las palabras sean transparentes como un vidrio, sino que son espejo de una sola vista: el lector se ve reflejado por medio de las palabras, no es él quien interpreta al libro, sino este a él (Hix, p. 3). El empobrecimiento del lenguaje en el dominio sexual es una de las críticas de Gass. En la novela aparece una variada lista de nombres para referirse a las partes sexuales o eróticas del cuerpo humano.

El supuesto de Gass es que *if you really love the person you [...] will not be able to maintain a formulaic way of treating that person. By extension, if you love reading, you will not treat a book like a whore* (Schiff, 2003). No solo el libro, sino el lenguaje, ya que solo cortejándolo es que se podría llegar a ser como Willie Shakespeare, un domador de fieras (lenguaje). El lector debe acercarse al texto de una manera «experimental y expansiva» y estar dispuesto a dejarse llevar por ese mundo contenido en sí mismo, para Gass. Solo por medio de esa experimentación, el lector habrá cumplido su fin.

Los rasgos de la narrativa transmedia se aprecian en la obra de Gass, primero porque invita al lector a tener una experiencia profunda, un compromiso con el texto, y segundo porque, para lograrlo, echa mano de otras modalidades. Los elementos paratextuales son un gatillo que desata esa experiencia lectora, sobre todo la transmediación que logra de las fotografías e imágenes. La finalidad de Gass con *Willie Master's* era encontrar una coordenada espacial para la música, manipular el lado espacial y visual del medio (LeClaire, 1977). En ese sentido, la novela demandaría su oralización para que se manifestara en su modalidad sonora.

Werther y Atala, el comercio de la narración.

En 1774 Europa vivó una fiebre wertheriana por el *best seller* de Goethe. Si bien dejaron el suicidio para unos pocos (Thorson, 2003), el resto de los jóvenes que se identificaban con la causa rebelde de Werther vestían de frac azul y pantalón amarillo e, incluso, compraban objetos como la taza de Werther (Chartier y Cavallo, 2004, p. 516). Estas fueron señales de cómo los lectores se relacionaban con «nuevas formas de trato con los textos literarios, nuevos modos de lectura y nuevos rituales» (Chartier y Cavallo, 2004, p. 517). Años más tarde, el fenómeno se repetiría con *Los amores de dos salvajes en el desierto* (1801), de Chateaubriand, que inspiró varias adaptaciones a pliegos de cordel en diferentes idiomas. También se explotó económicamente la ficción vendiendo objetos como abanicos, pantallas y cigarreras (López, 1950, pp. 106-111), que identificaban a los lectores con la novela que tanto les gustaba.

En esto también se observa una trasposición en un nivel más amplio y en dos sentidos: de la ficción al referente primario del autor y de este a la ficción. De la ficción se transmediaba al referente primario; por ejemplo, se sacaba de la ficción el abanico usado por Atala. Este fenómeno también se observó con Rose O'Neill, en Estados Unidos, que inició dibujando la tira cómica *Kewpies* (1909). La muñeca fue un éxito comercial que no solo se expandió a diferentes géneros, sino que también se convirtió en un juguete de caucho (Gordon, 2022). El fenómeno inverso lo documenta Eckart (2022) con *All Sorts and Conditions of Men* (1882), obra que inspiró la construcción de People's Palace, que inauguró la reina Victoria en 1887, y posteriormente el de Glasgow. Esto es un precedente de la narrativa transmedia en tanto técnica, ya que muchos de los universos transmedia generados por la industria del entretenimiento se forma de transmediaciones de la ficción a la noficción y viceversa: de un libro a una serie, de una película a un cómic, a un termo, a un parque de atracciones, entre otros.

Todos los subgéneros que aparecieron con la imprenta motivaron la aparición de personajes sobre los que se desarrollaban historias que se alargaban en diferentes fascículos. La versatilidad de comunicación entre el público lector y los escritores hicieron de este medio un caldo de cultivo de las primeras comunidades en demandar contenido. Karen Prior (2013) sitúa el inicio de la narrativa transmedia, en tanto serialidad, en *Pamela* (1740) y, años más tarde, en *Sherlock Holmes*, personaje que el autor tuvo que revivir.

Los éxitos comerciales de los siglos XVIII y XIX, sientan los antecedentes del siguiente, industrias de medios y tecnología se articularon bajo una narración. Freeman (2017) analiza los productos narrativos de *The Land of Oz* (1900-1918), *Tarzan* (1918-1938) y *Superman* (1938-1958), en las que aprecia la construcción de narraciones transmedia por la convergencia de las industrias de medios y tecnologías en intersección con el contexto cultural, quienes fueron responsables del éxito comercial y la gran difusión de estas narraciones.

La unidad del arte

Richard Wagner resalta en su ensayo *La obra del arte del futuro* (1849), a mi parecer, dos ideas: la de la unión y unidad de las artes.

Con la unidad de las artes se refiere a las seis que él consideraba: música, poesía, danza, arquitectura, escultura y pintura, que convergen en la ópera. Cada una de estas modalidades artísticas, como las llama (p. 50) dejan de estar dispersas, y se reúnen en la ópera. Esta unidad no menoscaba la expresividad de cada una, sino que las engrana por medio de la música. La unidad de las artes exige la asociación de artistas y pensar en el arte en unión con la vida. Aunque sea la vida la que produce el arte hacia su exterior, esta, en su forma de pueblo, debe integrarse al arte (p. 157).

Nietzsche retoma la idea de la unidad de las artes y dilucida que la ópera nació con la música dionisíaca, que a su vez hizo surgir el mito trágico. La música era un medio para lograr la comunión entre los espectadores, entre los espectadores y el dios, y viceversa. No obstante, la presencia de Sófocles y Eurípides cambió este espíritu por el apolíneo, el de la razón. La tragedia devino en una mezcla de narración, lírica, drama, prosa, poesía, canto, danza y música, en la que el espíritu dionisíaco cedió ante la preeminencia del apolíneo. La ópera recupera la unidad de las artes griegas y de la naturaleza, del que las personas de 1800 tenían nostalgia, según Nietzsche. Este pensamiento de la unidad es lo que insufla las vanguardias, y que transfieren a grupos y movimientos de mediados del siglo XX.

De esta afluente se alimenta directamente el vanguardismo en sus diferentes movimientos. David Hopkins (2006) indaga sobre la articulación entre las vanguardias de inicios del siglo XIX y el neovanguardismo de 1950 a finales de 1970. Él identifica características que sirven de vasos comunicantes: la fusión vida-arte, el arte a través de las formas artísticas, el movimiento de la periferia al centro, de lo alto a lo bajo y la diseminación.

Aun cuando estas características se transfieren, la sociedad y el contexto son otros, por lo que la apropiación de estas ideas también es diferente. Hopkins remarca estas disimilitudes sobre los mismos principios rectores. No solo sus raíces son diferentes, sino también el tipo de tradición al que pertenecen: americana o europea. Hopkins plantea la relación vanguardia-neovanguardia como la que existe entre el Renacimiento y el manierismo. En este último, como en la neovanguardia, los logros de los maestros fundadores fueron explotados y probados. En mis términos, lo realizado por los vanguardistas fue reciclado por primera vez, ahora bajo un nuevo contexto y con receptores transformados por las consecuencias de la Segunda Guerra Mundial y los cambios sociales, económicos y tecnológicos.

TEG retoma varios elementos del movimiento dadaísta (1916-1922): la unión del arte con la vida, el diseño de vestimenta, la ruptura de las etiquetas sociales, la improvisación, la ruptura de barreras entre espectador y actor, la unión con las artes y los poemas sonoros. En Estados Unidos, el grupo Fluxus también se nutrió del legado de Dadá al yuxtaponer las artes y hacerlas dialogar. El grupo se fundó en la Intermedia de Dick Higgins, la cual proponía la unión de las artes como lo hacían los griegos para recuperar la totalidad del arte, con el plus de la tecnología de esa época. Uno de sus participantes fue Allan Kaprow, junto con Beuys, Vostell y muchos más que hicieron historia con sus propuestas artísticas transgresoras. Paulatinamente, los integrantes de TEG y Fluxus se fueron desprendiendo del grupo y se avocaron a hacer arte con corte social y ver en él una herramienta para generar el cambio político y social.

Otro integrante de Fluxus fue John Cage, a quien Smith Saunders reconoce como su mayor influencia junto al *jazz*. Existen varias disimilitudes entre Cage y Smith. Las piezas teatrales de Cage mantienen una alternancia o yuxtaposición diferenciada; son un *mixed media*. Aun cuando Cage y Smith usan el lenguaje oral en su música, Cage, junto con otros músicos como Torch (1930), lo hace para transmediar las cualidades rítmicas del lenguaje oral; mientras que Smith emplea la musicalidad del sonido del lenguaje oral para que, en combinación con los diferentes tipos de lenguajes, se cree sentido (Keller, 2019). Smith continúa la tradición del *jazz* por la creación de unidades de patrones que, en la improvisación, se reestructuran, cambian o combinan (Muller, 2014, p. 5). La característica de los sistemas transmedia es que el ejecutante se transforma en un cocreador de la partitura. Salkind (1987) comparte el entrenamiento de Smith: primero se debía comprender el texto, rechazar la personalización, interiorizar los ritmos y los valores sonoros del lenguaje. Esto se aleja mucho de Cage y de Kaprow, porque el hecho de que se apegaran primero a la partitura era para que, tras haberla interiorizado, el ejecutante pudiera improvisar con base en el entendimiento de esta. Así, la libertad de elección que tenía dentro del sistema transmedia era seleccionada y pensada para dar la correcta improvisación al tiempo, duración, silencios, materiales, especificación de acciones o habla.

El arte de 1970, como se aprecia, se formó de diferentes corrientes y tipos casi de corte personal. Krauss explica que se venció el estilo histórico; sin embargo, en medio de la pluralidad, el surgimiento de la fotografía fue la constante de todas ellas. La teórica explica que la fotografía fue un mecanismo, un modelo operativo de abstracción, por medio del cual se generaban experiencias abstractas gracias a que aparecía combinada con otros términos, sea la narrativa, la escultórica, etc. (2015, p. 220). La fotografía inauguró los fundamentos de la cultura de la imagen como un centro de cruce de diferentes manifestaciones artísticas y sistemas semióticos. La cultura visual es el contrapeso a la cultura impresa de los siglos anteriores; en la década de 2020 vivimos inmersos en ella y es el sistema al que se le da prioridad.

Ruptura y dispersión

En el siglo XX asistimos a la confrontación de dos actitudes hacia el lenguaje, como señaló Lyons: la tradición lingüística de Saussure y aquella que considera al intérprete y sus representaciones mentales. Tal como el filósofo Schopenhauer o Peirce, paulatinamente se fue reconociendo la importancia del contexto y la sociedad, como en Wittgenstein y los pragmatistas, por mencionar algunos. En este marco, abordaré a cuatro teóricos con aportes específicos que se relacionan con el espíritu transmedia: la transmediación y la importancia del acto lector-creador. Aunque ellos no emplean el término «transmedia», sí hacen referencia usando otros nombres para designar una característica del mismo fenómeno.

En *Problemas de la poética de Dostoievski*, Bajtín (2005/1963) manifiesta, de manera seminal y limitada a la literatura, los rasgos referidos con el nombre de carnavalización (capítulo IV) y translingüística (capítulo V). La translingüística hace referencia a cómo la lengua atraviesa diferentes esferas sociales, generando relaciones dialógicas: «Estas relaciones dialógicas son posibles también entre otros fenómenos interpretables, si estos fenómenos se expresan mediante alguna clase de material sígnico, por ejemplo, entre imágenes de otras artes. Pero esas relaciones sobrepasan los límites de la translingüística» (Bajtin 2005, p. 269). Para especificar, las esferas sociales están restringidas al sistema literario y no abarcan otras manifestaciones, de ahí que inicialmente Bajtín la haya nombrado metalingüística como expresa la nota del editor (p. 264). El cambio realizado por Todorov fue más atinado en tanto que lo translingüístico implica la apertura a otros sistemas, además de literario. Por consecuencia, al ser la lengua la que atraviesa diferentes sistemas humanos, se entabla entre ellos un diálogo que crea significados a los que se suman la polifonía y la heteroglosia ya no restringidos al sistema lingüístico. Aún cuando lo trans lleva en sí una apertura se mantiene el confín lingüístico, lo lingüístico es la medida de todos los sistemas, dentro del mundo de Bajtin.

En el capítulo IV, Bajtín aborda el concepto de carnaval como un conjunto de ritos, fiestas, relaciones sociales, música, discursos verbales, danza, etc.: «Llamaremos carnavalización literaria a esta transposición del carnaval al lenguaje de la literatura [...] El carnaval no se contempla ni tampoco se representa, sino que se vive en él» (p. 179). Toda esa vida social es traducida a un lenguaje literario y transferida a un género, que adopta la forma de un libro. Esta transposición no del hecho a su ficción, sino la transferencia del carácter sensible del carnaval a lo lingüístico con el propósito de que el lector lo viva a través del aparato lingüístico-literario, aquel suceso extralingüístico, el primero servirá para recrear el segundo.

El aporte de Jakobson a la transposición se alía con la translingüística, en el sentido de que amplía las fronteras al referirse a lo semiótico y no a lo lingüístico; por lo tanto, este no será el sistema de referencia respecto a los otros sistemas. Jakobson (1959) reflexiona que el lenguaje siempre es metalingüístico; no podemos pensar fuera de él, por lo que constantemente traducimos y esto provoca que se cree significado o se invente. Jakobson relaciona la traducción con la transposición porque, para comprender el significado de algo, se usan referentes que ya están etiquetados por el lenguaje. Cuando alguien explica algo, el receptor se formará una representación interna, traducirá a su lenguaje interno aquello exterior para poder entenderlo. Constantemente traducimos lo externo a lo interno y viceversa. Jakobson identifica tres procesos de traducción: intralingüística, interlingüística e intersemiótica o transmutación. Esta última es la interpretación de los signos verbales mediante los signos de un sistema no verbal (p. 233). Unas páginas adelante, Jakobson explica que *intersemiotic transposition from one system of signs into another, e.g. from verbal art into music, dance, cinema or painting* (p. 238). Este tipo de traducción es el que se asemeja al proceso de translingüística, extendiéndola fuera de los confines lingüísticos. Es decir, buscar referentes en la lengua destino que sean equivalentes, encontrar mecanismos de fidelidad al texto, tener un margen de adaptación, anclaje, acoplamiento de un lenguaje a otro.

Las definiciones que proporciona el lingüista sobre la traducción intersemiótica, o transmutación o transposición, delinean una problemática. La primera es: ¿cuáles son esos rasgos de los textos que son potenciales a ser transferidos? Expliquemos, al pertenecer a dos sistemas distintos, no hay un lenguaje en común que los haga compatibles, así que la transmutación solo será de aquellas características sensibles a trasladarse al otro lenguaje. La segunda problemática que identifico es que la transposición requiere de un cierto nivel de rasgos que se comparten para que puedan ser transferibles; en ese sentido, ¿cuál será el común denominador entre medios, modos, modalidades…? Sobre esto disertan varios teóricos desde los estudios de medios y los estudios comparativos (Clüver, 2017; Schroter, 2012; Bruhn, 2023; Wolf, 1999; Rajewski, 2005; Elleström, 2010). Intuyo que Jakobson, junto con otros teóricos, identificaron la necesidad de interpretar desde su sistema aquello que se estaba gestando en lo social y que representaba, en definitiva, un quiebre.

La idea de la transposición la retrabaja Kristeva, limitándola de nuevo al sistema literario. Kristeva entendió que cualquier novela estaba formada por las transformaciones que el autor hacía de otros textos. Ella nombró a esta característica intertextualidad, al mismo tiempo que se afiliaba al dialogismo de Bajtín. Sin embargo, la intertextualidad pronto se tornó en estudio de fuentes y fue cuando optó por el término de transposición (Kristeva, 1984, p. 59-60), cobijándose en Jakobson. Para Kristeva, la transposición es uno de los mecanismos que articulan el lenguaje, junto con la condensación y el desplazamiento metonímico. La transposición es el paso de lo semiótico a lo simbólico, en el que hay un abandono del sistema sígnico de origen, hay una vía intermedia común entre dos sistemas y hay una articulación de un nuevo sistema con su nueva representación y recuperación semiótica. En la nueva representación existe la variabilidad, pues ha sufrido una transformación/traducción y simbolización, pues ahora es una nueva representación y posee nuevos significados.

Genette (1989/1962) consideró tanto la intertextualidad como parte de la tradición de citas, alusiones que hace un texto de otro, y a la transposición la consideró una transformación seria de un texto en otro. La narración transmedia se basa en la intertextualidad respecto a otros artefactos textuales e intratextual respecto a sí misma, ya que plantea la relación estrecha entre el texto de entrada y sus extensiones. La transposición continúa siendo un elemento involucrado en la narración transmedia porque, en muchas ocasiones, el texto transmedia nace siendo la transposición de otro texto que se ensancha en otro sistema semiótico. El hecho de que la narración transmedia emplee diferentes espacios textuales implica ya la transposición del guion de NT o biblia transmedia[2] en otros sistemas de representación.

El otro término seminal de Bajtín es el de la translingüística. Al atravesar diferentes sistemas semióticos, la translingüística plantea la necesidad de que exista una guía o modelo que permita analizar las transposiciones dentro de uno de los sistemas de interés, aquí entendido como la narración transmedia. Sin embargo, creo que esta guía puede aplicarse a cualquier premisa transversal que funcione como arco narrativo y que atraviese diferentes textos y sistemas semióticos. Roland Barthes (2004) manifestó la necesidad de una translingüística al poner en juego a tres actores en la arena de la lectura: texto, autor y lector. El texto muda su carácter de autoridad última para convertirse en una mesa de *disc jockey* en la que se hacen diferentes mezclas, de acuerdo con la selección del autor-DJ y su estilo de combinación y recomposición del material textual anterior. El autor, en calidad de autoridad total del texto, al estar muerto, dejó que los signifi-

---

[2] Se llama así al documento que concentra la planificación, desarrollo y ejecución del proyecto transmedia.

cados ostentados en el texto no tuvieran dueño, no había quien regula su interpretación ni su uso indiscriminado. Entonces, si el autor no existe, ¿dónde quedaba el lector? Para Barthes, el lector es quien articula toda su propuesta de texto, pues al no haber autor, es el lector quien rehace el texto producto de sus relaciones intertextuales.

Bajtín es un autor indispensable para entender la convergencia textual a través del abordaje de la transposición, que ahora ha devenido en transmediación, y la translingüística. En las NT, la convergencia textual es producto de las diferentes relaciones coyunturales que tiene la trama con otros elementos textuales. Estos traen consigo la transmediación en diferentes grados y abren la necesidad de una guía que permita captar y profundizar las complejas relaciones de la NT.

En esta época, hay un auge de interés por el lenguaje y el sujeto interpretante, los cuales finalmente se imponen en el núcleo del sistema. En una revisión rápida encontramos: *Estructuras sintácticas* (1957) de Chomsky, *Linguistic Turn* (1967) de Rorty, *Medium is the Message* de McLuhan (1967), *De la grammatologie* (1967) de Derrida, *Différence et Répétition* (1968) Deluze, *Les système des objets* (1969) de Baudrillard, *Speech Acts* (1969) de Searle, *Arqueología del saber* (1970) de Foucault, *S/Z* (1970) de Barthes, *Verdad y método* (1960) de Gadamer, *La sociedad del espectáculo* (1967) de Debord, *El conflicto de las interpretaciones* (1969) de Ricoeur, *Más allá del sujeto* (1981) de Vattimo, *La condición posmoderna* (1979) de Lyotard, *Estructura y función del lenguaje* (1975) de Halliday, *Teoría de la acción comunicativa* (1981) de Habermas, *Understanding and explanation: a transcendental-pragmatic perspective* (1984) de Apel, entre muchos más.

En esta lista se puede observar la preocupación por la creación de sentido, el referente, el interpretante, la sociedad, las funciones y los vínculos de lo escrito con otras modalidades. Pero, sobre todo, cómo se solidificó la preocupación por los límites del lenguaje y su relación unívoca con la realidad; en esta, la interpretación del receptor no era considerada «válida», ni el uso del idioma, el correcto. Este signo saussureano es la representación del poder, lo monolítico, que se pretende vencer, sea Dios, humano, palabra o realidad. Lo transmedia fragmenta este poder y lo esparce.

Bajo la perspectiva de Fredric Jameson, no sería lo transmedia lo que lo fragmenta, sino las condiciones del capitalismo las que inciden en el desarrollo cultural. La descripción del párrafo anterior responde a los orígenes del posmodernismo. Jameson (1991) señala que a finales de los años 1950 e inicios de 1960 (p. 9), aunque se puede plantear como una continuación del modernismo, existen diferencias de peso. Daniel Bell es más incisivo en la década de 1960. Esta es la que recupera el proyecto de las vanguardias, aunque no realiza una revolución en el campo estético (p. 123), sí consolidó el programa modernista en cuanto a la ruptura de la sintaxis, el flujo libre de consciencia ficcional, multiplicidad de planos o puntos de vista; atonalidad musical, pérdida de la secuencia lineal temporal y espacial; nueva representación del yo, deleite de lo absurdo, inversión de valores, celebración de impulsos bajos, interés por la alucinación, revelación de experiencias íntimas. La falta de jerarquía entre el original y la copia, entre lo canónico y lo no canónico, tuvo consecuencias que se reflejaron en la pérdida de autoridad, en la quiebra de instituciones y en la erosión de la tradición (p. 132).

A esta lista, Jameson añade las intertextualidades y reciclajes (él se refiere al pastiche); la apertura de los textos a otros o de otros en el cuerpo textual responde a, según Jensen (2016), la concentración de un público, la conglomeración de dos o más compañías y de la convergencia asociada a la tecnología, economía y cultura (p. 9). Esto explica por qué, en décadas posteriores, el término de convergencia tuvo tanto empuje.

El uso del término lo historiza Balbi (2017). Inició en la década de 1980, porque la industria de la televisión y la comunicación estaban saturadas, por lo que convergieron para buscar nuevos mercados y consumidores. En los 1990, a la economía y el mercado; a mediados de esos años, en la regulación y la política; y en los 2000, en la cultura. Así se aprecia el desplazamiento de la convergencia a diferentes áreas y la necesidad de que la centralidad dada al texto se entendiera como su par en narración. El cambio de uno por otro conlleva la apertura rotunda del texto como artefacto no literario, ya que la narración puede ser aplicada a diferentes tipos, no solo ficcionales, sino también políticos, periodísticos y económicos. A su vez, la presencia de la narración está ligada al concepto de «mundo», ya que un mundo puede tener muchas historias, una historia puede tener muchos mundos, muchos textos pueden converger en un mismo mundo y un mundo puede diseminarse en varios textos (Ryan, 2017, p. 32). La construcción de mundo responde a la narrativa que se construya en torno a una candidatura política, a una serie televisiva o a una sesión de fotografías. La extensión del término texto/narración, unida a la convergencia de medios, tecnológica y económica, creó un nuevo artefacto textual: la narración transmedia.

Balance

Con lo explicado en estas dos secciones, ahora intentaré identificar los elementos del polisistema y los cambios que se generaron.

Al tener esta visión general, se pueden reconocer las olas del espíritu transmedia. El núcleo que antes era el rito y el culto fue rediseñado por la fórmula lenguaje-religión, y este fue sustituido por lenguaje-humanismo y, ahora, lenguaje-tecnología. El núcleo era gobernado por Dios y sus emisarios, que dictaban la reciprocidad entre lo que ahora entendemos como significado y significante.

Al ser desplazado Dios y sus embajadores, las narraciones giraban en torno al ser humano. Sin embargo, la expulsión de la univocidad del lenguaje se prolongó mucho más. El ánimo contestatario ya estaba presente en 1700 con *Tristram Shandy* y en 1800 con la propuesta de unificar las artes para regresar el espíritu dionisíaco y recuperar la experiencia de los espectadores.

La presencia de las dos guerras mundiales pone en entredicho el humanismo. Las ideas contestarias se consolidan en 1900 con el vanguardismo, que las convierte en epígonos a lo largo de sus décadas.

Considero que la aceptación de este material no canónico en el núcleo comenzó cuando Joyce ganó el caso de *Ulysses* en 1936. El núcleo comenzó a abrirse al multiperspectivismo del signo, a la introducción de un interpretante, a la importancia de la sociedad, a las relaciones fronterizas, a la temática. La forma de producir textos a la *Tristram Shandy* ha dejado de ser la excepción y se ha convertido en regla: se abordan temas sexuales de cualquier tipo, se emplea hasta el cansancio la metaficción y la panficción. Ahora, los juegos en los textos se han convertido en las ficciones interactivas, sea del género que sea, desde un videojuego o un poema multimedia kenésico. Se ha convertido en regla el traspasar fronteras impuestas por un medio; en centrar todo en una narración, sea ficticia o no; en lograr que el lector se mueva en su búsqueda de una plataforma a otra. Se ha convertido en regla que ese lector, que es un consumidor de información, también sea parte de ella, al referir, al evaluar un servicio con estrellas, al dar un *like*, al reenviar información o a poder influir en la opinión de las personas con un video. Las películas que antes eran experimentales ahora tienen mucha más aceptación, como *Corre, Lola, corre* o *Inception*. Hubo un paso de lo no canónico a lo canónico.

La dinámica del sistema fue de tipo secundario porque, a pesar de la novedad de la palabra «narrativa transmedia», el pasado de esta es mayor. Al grado de que se la relegue por no apreciar la novedad de la conquista del núcleo y encasillarla en los grandes éxitos taquilleros. La disolución de las grandes narraciones nos ha dejado a expensas de las nuestras. Nadie podrá morir por Dios, por su nación, por el socialismo, pero sí en defensa del personaje de la narración que llena su vida.

Vivimos un proceso inverso a la carnavalización de Bajtín; por medio del lenguaje literario de las narraciones se desea crear y proyectar ese mundo «primitivo» del descubrir y habitar un nuevo mundo. El proceso de transposición ahora es distinto: la narración se traduce en diferentes medios y queda relegada a un escrito de sincronización entre diferentes jugadores que pueden crear su historia según los límites impuestos. En todo caso, el mundo fantástico se abre en los portales de los diferentes tipos de realidades (virtual, aumentada, híbrida) y los placeres de la inteligencia artificial. La transmediación sigue siendo de lo externo de la narración a su interior; solo que el reto ya no es transmediar otros elementos de medios, sino a las personas. La nueva economía del bitcoin también ya apunta a ese otro. Las narraciones de los grandes héroes épicos se han convertido en las narraciones cotidianas de los héroes de TikTok. Ellos son los que hacen historia, atraen, mantienen y consolidan la atención de sus seguidores.

Los elementos que hemos identificado como contestatarios, el espíritu transmedia, se fue engrosando hasta llegar al núcleo. Al grado de que este espíritu se ha convertido en un planificador cultural que controla la entidad del polisistema. Tan solo la identidad de la persona, que antes era la que se revelaba físicamente, se ha diversificado dependiendo de la red social que adopte (Dalby y Freeman, 2024). Es decir, la identidad no es la misma en Instagram, en OnlyFans y en X. La identidad, como la información y las narraciones, se encuentran dispersas en diferentes plataformas.

El espíritu transmedia reclama que seamos como Isis, que va tras los pedazos del cuerpo de su esposo para coserlo. Solo que, para el lector, es más complicado porque no hay un cuerpo específicamente delineado, no hay trama, no hay narración. El mismo lector construye sus lecturas como cuerpo; es decir, le da entidad corporal a esos pedazos, pero sin una guía más que la que su propia imaginación le da.

Referencias

Bajtín, M. (2005). *Problemas de la poética de Dostoievski*. Trad. Tatiana Bubnova. FCE.

Barthes, R. (2004). *S/Z*. Trad. Nicolás Rosa. Siglo XXI.

Brett, G. (1995). *Exploding Galaxies. The art of David Medalla*. Kala Press.

Bruhn, J. (2022). *Intermedial Studies. An Introduction to Meaning Across Media*. Routledge.

Chartier, R. y Cavallo, G. (2004). *Historia de la lectura en el mundo occidental*. Trad. María Barberán, Mari Pepa Palomera, Fernando Borrajo y Cristina García Ohlrici. Taurus.

Clark, K. y Holquist, M. (1984). *Bakhtin, Mikhail*. The Belknap Press of Harvard University Press.

Clüver, C. (2017). «A new look at an old topic: ekphrasis revisited». *Todas las Letras Revista de Língua e Literatura, 19* (1), 30-44. DOI:10.5935/1980-6914/letras.v19n1p30-44

Culler, J. (2017). *Barthes*. Trad. Pablo Rosenblueth, Francisco Cerón. FCE.

Dalby, J. y Freeman, M. (2024). *Transmedia Selves. Identity and Persona Creation in the Age of Mobile and Multiplatform Media*. Routledge.

Drower, J. (2008). «The Exploding Galaxy». *Third Text, 22*(2), 229-236. DOI: 10.1080/09528820802013040.

Elleström, L. (2010). *Media borders, Multimodality and Intermediality*. Springer.

Even-Zohar, I (1979). *Polisistemas de Cultura*. Trad. Ricardo Bermúdez Otero. *Poetics Today, 1* (2), 287-310.

Fiore, L. (1983). «Notes on Stuart Smith's Return and Recall: A View from within». *Perspectives of New Music*. 22(1/2), 290–302. https://doi.org/10.2307/832951.

Freeman, M. (2017). *Historicising Transmedia Storytelling. Early Twentieth-Century transmedia Story Worlds*. Routledge.

Galán, I. (2013). *El romanticismo y sus mutaciones actuales*. Dykinson.

Gass, W. (1971-1968). *Willie Master's Lonesome Wife*. Knopf.

Genette, G. (1989-1962). *Palimpsestos. La literatura en segundo grado*. Trad. Celia Fernández Prieto. Taurus.

Gordon, I. (2022). «Rose O'Neills's Kewpies and early transmedia practices en C. Meyer, M. Pietrzak-Franger (Eds.)». *Transmedia Practices in to Long Nineteenth Century*. (pp. 79-94). Routledge. DOI: 10.4324/9781003222941-6.

Hix, H. L. (2002). *Understanding William H. Gass*. University of South Carolina Press.

Hopkins, D. (2006). *Neo-Avant-Garde*. Rodopi.

Hovious, A. (2018). «Toward a socio-contextual understading of transliteracy». *Reference Services Review*. 46 (2), 178-188. https://doi.org/10.1108/RSR-02-2018-0016.

Irwin, W. (2004). Against Intertextuality. *Philosophy and Literature, 28*(2), 227-242. https://doi.org/10.1353/phl.2004.0030.

Jakobson, J. (1959). On Linguistic Aspect of Translation en R. Brower (Ed.), *On translation* (232-239). Harvard UP.

Jenkins, H. (2006). *Convergence Culture. La cultura de la convergencia de los medios de comunicación*. Trad. Pablo Hermida Lazcano. Paidós.

Keller, J. A. (2019). *The Music of language*. Doctor of Musical Arts. Rice University.

Kerenyi, K. (1998). *Dionisios. Raíz de la vida indestructible.* Trad. Adan Kovacksics. Herder.

Kinder, M. (1991). *Playing with Power in Movies, Television, and Video Games From Muppet Babies to Teenage Mutant Ninja Turtles.* University of California Press. http://publishing.cdlib.org/ucpressebooks/view?docId=ft4h4nb22p;brand=ucpress.

Kristeva, J. (1984). *Revolution in Poetic Language.* Trad. Margaret Waller. Columbia UP. https://archive.org/details/revolutioninpoet00kris/page/n7/mode/2up.

Kristeva, J. (1997-1967). «Bajtín, la palabra, el diálogo y la novela en D. Navarro (Ed.)», *Intertextualité. Francia en el origen de un término y el desarrollo de un concepto.* (pp. 1-24). UNEAC, La Habana.

LeClair, T. (1977). «William Gass: The Art of Fiction LXV». *Paris Review*, 18, 61-94.

López de Meneses, A. (1950). «Pliegos sueltos románticos Pablo y Virginia, Atala y Corina en España». *Bulletin Hispanique*, *52*:1-2, 93-117. https://doi.org/10.3406/hispa.1950.3222.

Medalla, D. (1968). «The exploding Galaxy», Platten no.1, p. 1., citado por Brett, G. (1989). David Medalla: From biokineticism to synoptic realism. *Third Text*, *3*(89),79–106. https://doi.org/10.1080/09528828908576237

Muller, J. (2014). *Amidst the Noise: Stuart Saunders Smith's Percussion Music.* Percussive Notes, 6-15.

Nietzsche, F. (1844-2006). *El origen de la tragedia.* Trad. Eduardo Ovejero y Maury. Porrúa.

Omajaa, M. (2015). *The transmedial aspect of cultural autocommunication.* University of Tartu Press.

Overy, P. (1997). Other Stories. *Art History*. 20 (3), 493-501. https://doi.org/10.1111/1467-8365.00075.

Prior, K. (2013). «The New, Old Way to Tell Stories: With Input From the Audience». *The Atlantic*. www.theatlantic.com/entertainment/archive/2013/10/the-new-old-way-to-tell-stories-with-input-from-the-audience/280682/.

Rajewski, I. (2005). «Intermediality, Intertextuality and Remediation: A Literary Perspective on Intermediality». *Intermédialités*. (6), 43-64, http://dx.doi.org/10.7202/1005505ar.

Renó, D., Longhi, R. y Ruiz, S. (2012). «Diversos géneros en la narrativa transmediática del documental 33». *Revista Comunicación*. 10(1), 224-235. https://bit.ly/3e6h5SP.

Richards, D. (2017). «Historizing Transtext and Transmedia» en W. L Benjamin y M. Bourdaa (Eds.), *The Rise of Transtexts*. (pp. 15-32). Routledge.

Ryan, M-L. (2017). «The Aesthetics of Proliferation» en M. Boni (Ed.), *World Building, Transmedia, Fans, Industries*. (pp. 31-46). Amsterdam UP. doi: 10.5117/9789089647566/ch01.

Salkind, W. (1987). «Language and Percussion: An Actor's Perspective». *Ex Tempore*. 4 (2). http://www.ex-tempore.org/salkind/salkind.htm.

Saltzman, A. (1986). *The Fiction of William Gass: The Consolation of Language*. Southern Illinois UP.

Sauer, T. (2008). «An interview with Stuart Saunders Smith and Sylvia Smith». *Journal of the IAWM International Alliance for Women in Music*. 14 (2), 1-7.

Schiff, K. (2013). *Reading Body-Books: Willie Masters' Lonesome Wife reconsiders Tristram Shandy*. Dalkey Archive Press. https://

www.dalkeyarchive.com/2013/08/09/reading-body-books-willie-masters-lonesome-wife-reconsiders-tristram-shandy/.

Schröter, J. (2012). «Four models of intermediality en B. Herzogenrath». *Travels in Intermediality: ReBlurring the Boundaries.* (pp. 15-33). Dartmouth.

Schulenberg, D. (2017). «C. P. E. Bach's Keyboard Musci and the Question of Idiom», en M. Oleskiewicz (Ed.), *Bach Perspectives.* (pp. 83-112). University of Illinois Press.

Sterne, L. (1759-2013). *Vida y opiniones de Tristram Shandy, caballero.* Trad. Javier Marías. Alfaguara.

Thorson, J. y Öberg, P-A. (2003). «Was There a Suicide Epidemic After Goethe's Werther?». *Archives of Suicide Research.* 7 (1), 69-72. DOI: 10.1080/13811110301568

Voigts, E. (2022). «Literary events and real policies. The transmedia cases of Walter Besant's All Sorts and Condictions of Men (1882) and George Chesney's The Battle of Dorking (1871)» en C. Meyer, M. Pietrzak-Franger. *Transmedia Practices in to Long Nineteenth Century* (pp. 25-32). Routledge. DOI: 10.4324/9781003222941-3

Wagner, R. (1849-2000). *La obra de arte del futuro.* Trad. Joan B. Llinares y Francisco López. Universidad de Valencia.

Welsh, J. (1995). *The music of Stuart Saunders Smith.* Westoport Conn, Greenwood Press. https://archive.org/search?query=external-identifier%3A%22urn%3Alcp%3Amusicofstuartsau-0000wels%3Aepub%3A97809d66-fbba-4564-83ac-9f6ebc-8605cc%22.

Williams, H. (2015-2016). «"Alas, poor YORICK!": Sterne's Iconography of Mourning». *Eighteenth- Century Fiction.* 28 (2), 313-344. DOI: 10.3138/ecf.28.2.313.

Wolf, W. (1999). *The Musicalization of Fiction: A Study in the Theory and History of Intermediality*. Rodopi.

Wolfshol, C. (1989). «The text is oozong out: William H. Gass and transliteracy». *Studies in Short Fiction*. 26 (4), 497-503.

II

Lo viejo, lo nuevo y lo prestado de la narración transmedia

En su libro *Convergence Culture*, Jenkins relacionó la narración transmedia (NT) como una consecuencia de la convergencia y señaló que la NT era la nueva estética de esta cultura (de convergencia). Mientras que la NT quedó definida en una estrategia mercadotécnica, la cultura de convergencia se resumió en «el flujo de contenido a través de múltiples plataformas mediáticas, la cooperación entre múltiples industrias mediáticas y el comportamiento migratorio de las audiencias mediáticas» (Jenkins, 2006, p. 14), lo que describe cambios tecnológicos, industriales, culturales y sociales, y, sobre todo, la formación de un nuevo ecosistema de medios pasados (radio, cine, televisión, imprenta…) y actuales. Visto así, no hay diferencia sustancial entre la cultura de convergencia y la NT. Parece que la relación entre ambas es de forma y contenido, ya que la estrategia mercadotécnica era hacer fluir el contenido generado por la cultura en diferentes plataformas.

En el siguiente libro del mismo autor, *Spreadable Media*, que se tradujo al español como *Cultura transmedia*, Jenkins definió que la cultura de convergencia era la cultura participativa en la sociedad y en la inteligencia colectiva. Después, Jenkins sustituyó «colectiva» por el término «participativa», que emplea la producción y distribución mediática para satisfacer intereses colectivos (2013, p. 24). La atención del autor, al construir estos conceptos, se centró en los fandoms (comunidades de admiradores), dejando de lado el contexto en el que la convergencia estaba inmersa. Esto, junto con muchas otras fisuras entre la NT y la convergencia, provocó que estos conceptos fueran debatidos por varios autores (Hay y Couldry, 2011; Balbi, 2017; Hills, 2013, 2017; Fagerjord y Storsul, 2007; Lugmayr y Dal Zoto, 2015).

Identifico dos perspectivas amplias desde las cuales se cuestiona la convergencia de Jenkins: los estudios culturales y los estudios literarios. Sobre el primero, Arjun Appadurai (2001) redimensiona brevemente este tema; para él, la convergencia es mediática y económica, y estos factores han concurrido en el desarrollo político y social, incidiendo en sus cambios, es decir, en el relato de la vida social. Esto mismo retoma Couldry (2003) al hablar de los rituales mediáticos, que son prácticas que legitiman la idea de que los medios son el centro y lo único que existe. Si la cultura de la convergencia forma parte de los estudios culturales, entonces debería ser imprescindible preguntarse, como escribe Couldry, por la yuxtaposición de las prácticas económicas, las formaciones de poder, la producción de conocimiento, los patrones de la participación, entre otros, y dejar de encerrar el cambio cultural en la convergencia de los medios o en la perspectiva ubicua de los medios (2011, p. 470). Mat Hill, por su parte, cuestiona desde la perspectiva de Fiske el pronunciamiento del fandom de Jenkins, para Hill éste la perfila como una comunidad uniforme. El fandom retratado en ambos libros no tiene características representativas de una población más amplia, así como tampoco las categorías de distinción clara entre ellos, ni su incidencia en la producción textual y el consumo.

Sobre el segundo, desde los estudios literarios, la convergencia ha sido rebatida por el olvido de la convergencia textual que se originó en la década de 1960. La demanda principal es la apertura y la generación de vínculos entre la teoría textual y los medios (Giffard, 2010; Bouchardon, 2012). Desde estas dos perspectivas, no existe «una» cultura de convergencia, sino que hay diferentes convergencias que se plantean de manera distinta dependiendo del contexto y la cultura. El cambio en el ecosistema mediático, que ahora es convergente, no es producto de la espontaneidad de los medios, sino de la respuesta que ₅estos dan a la sociedad. Los medios están en simbiosis con la cultura, la sociedad, la política y otras esferas humanas en el polisistema.

Al ser casi intercambiables los conceptos de convergencia y NT, la definición de convergencia se desplazó hacia la narrativa transmedia, por lo que adquirió todas las cualidades de entretenimiento, ficción, fandom, participación y ecosistema mediático. Lo «pegajoso» del término lo hizo florecer en diversas áreas: narratología transmedia (Thön, 2016), trabajo transmedia (Fast y Jansson, 2019), estética transmedia (Alberich y Gómez, 2017), periodismo transmedia (Renó, 2012), política transmedia (Rampazzo, 2017), identidades transmedia (Jansson, 2018; Dalby, 2024), artes transmedia (Kinder, McPherson, 2014), aprendizaje transmedia (Raybourn, 2012), diseño de aprendizaje (Fleming, 2013), literacidad transmedia (Scolari, 2018), activismo transmedia (Srivastava, 2009), arqueología transmedia (Scolari, Freeman, 2014), historia transmedia (Lähteenmäk, 2021), por mencionar algunas. Todo esto ha dado lugar al acuñamiento de estudios transmedia (Freeman, Rampazzo, 2018).

Continuando con la idea del capítulo anterior, la convergencia tiene su razón en el derrumbe de las fronteras que existían entre alta/baja cultura, monomedia/multimedia, texto cerrado/abierto, periférico/central, totalidad/fragmento, arte/vida, entre otras, que se filtraron a todo el polisistema y se manifestaron de diversas formas. La pregunta obligada surge: si no es algo nuevo y si en su cimiento teórico la convergencia y NT fueron endebles, ¿por qué su reiteración y expansión a diferentes disciplinas? ¿Qué aporte novedoso trajo lo transmedia, ahora en retrospectiva?

Marie-Laure Ryan escribe que los géneros nacen y se desarrollan porque surgen nuevas necesidades comunicativas o por el éxito que tiene un texto al implementar un conjunto de combinaciones de características que inspiran la imitación recurrente (2021, p. 81). Esto es lo que considero que ha sucedido con las NT, que se engrosaron en el entretenimiento y la mercadotecnia de los mundos ficcionales. Por lo tanto, estimo que la NT es un macrogénero que conjunta textos heterogéneos bajo una organización y conexión de contenido; al hacerlo, emplea diferentes estrategias para mantener un arco narrativo a través de diferentes espacios textuales en los que fluye el significado de la narración.

En este capítulo planteo la novedad de la NT desde el enfoque de la convergencia textual en tres características. Primero, la NT se trata de un nuevo género; segundo, emplea diferentes estrategias para desplazarse a través de otros espacios textuales; y tercero, esto implica un movimiento de significado que esparce el diseñador de contenido y que debe rastrear el lector, ahora translector. Cada una de estas características responde a los apartados de este capítulo.

El objetivo de este ensayo es explicar cómo lo transmedia se afinca en conceptos previos a ella, sobre los cuales crea un circuito y construye su lógica. Lo más importante es que lo teorizado desde el siglo pasado e impulsado por el posmodernismo, ahora es una realidad incuestionable.

Lo nuevo: el género transmedia

Tomando como guía la definición de Ralph Cohen, esta sección se propone responder las siguientes preguntas: ¿la NT es un género o una técnica? Si es una técnica, ¿a qué género pertenece? Si es un género, ¿cuál es su esquema, su estructura? ¿Qué rasgos estables la pueden definir? ¿Cómo y por qué surgió como género?

Ralph Cohen (2017) define al género,

[…] a genre is a group (or groups) of texts historically characterized by components in interaction toward some general purpose containing features that are intertextual, the whole forming an identity that can become a subgenre or can be the source of new genres. Genres occur in every language and many cross-national borders. They are procedures for organizing knowledge, and for communicating it. They express our thoughts, feelings, and actions with regard to that knowledge. (p. 184)

Me centraré en la primera oración. Cohen escribe que el género es un grupo(s) de textos, porque el género, como estructura, como un esquema organizador, mantiene un patrón que es empleado en varios textos que le dan identidad a ese género. Esta identidad se forma a lo largo del tiempo e influyen muchos factores: los avances tecnológicos, los eventos históricos, los cambios sociales, entre otros.

Baetman (2008) escribe que la configuración contextual es la que genera una estructura particular; los elementos que la conforman poseen cualidades específicas que la diferencian del resto (p. 186). Uno de los detonantes en la formación del género NT se ubica en la convergencia de medios, que creó una forma entrelazada de comunicación, economía, relación social entre los medios, industrias y usuarios.

El debate entre Jenkins y Couldry muestra que, ya a inicios de los 2000, se identificaba en la NT una nueva «forma de escribir» que se relacionaba con las prácticas en ese momento emergentes digitales, unidas a los medios anteriores. Es decir, la nueva estructura de la NT no se podría desligar de su convergencia mediática, con énfasis en lo digital. A esto, Carolyn Miller (2023) le llama generificación de una nueva tecnología de comunicación (p. 398), y es la primera fase en la que el género se confunde con el medio; el medio es elevado a una categoría de panacea y absorbe todo lo que está en él. Ya en la distancia, Freeman (2023) considera que el contexto que generó la formación de la NT se debió a la confluencia de la tecnología, la cultura y la industria de medios, en los que surgió una nueva estructura de narración: «a multiplatform systems of industrial, technological and participatory production and consumption practices» (p. 173) de contar historias y monetizarlas o integrarse a la economía del don.

La segunda fase que plantea Miller es cuando el medio deja de ser opaco y el género gana visibilidad; esto es algo que ocurre en el transcurso del tiempo (2023, p. 401). Aunque Kinder ya había señalado que los sistemas de intertextualidad eran una forma de estructurar eventos dentro de patrones de espacio, tiempo y causalidad (1991, p. 2), no fue sino hasta dos décadas después que se observaron características específicas de la NT. En los años 2010, aparecieron en el panorama varias guías sobre cómo construir, escribir y diseñar una NT (Giovagnoli, 2011; Denning, 2011; Pratten, 2011; Phillips, 2012; Down, 2013; Gürel, 2014; Stakelberg, 2014; Scolari, 2014; Bernardo, 2014) sobre cómo construir, escribir y diseñar una NT. Es decir, esto es un signo de cómo la NT se había disociado de los medios y se lograba señalar sus componentes específicos. La fórmula básica que brindó Scolari (2014) es un ejemplo de cómo se diferencia la narración respecto del medio: *Transmedia storytelling [...] could be considered as a network of text in different media that expand a fictional universe* (p. 3); expansión de medios + expansión narrativa = NT.

Esta fórmula también es una ilustración de cómo un nuevo género está ligado al contexto del que nace, es decir, la expansión de los medios y de la narración. Aun con esto, la fórmula de Scolari no manifiesta cómo está organizada ni cuál es la estructura de esta red de textos que expanden el mundo de ficción.

¿Cómo es la nueva estructura?

La NT se funda en la narración en tanto que se compone de una trama, personajes, eventos, línea de tiempo y acciones. Sin embargo, el hecho de que sea transmedia significa que trasciende las fronteras de un sistema semiótico y se extiende, al menos, a dos o más. La ruptura de fronteras implica, primero, que es una red de géneros en los que está diseminada la narración. Segundo, aun cuando la narración no haya nacido para ser transmedia, la recepción que ha tenido a lo largo del tiempo logra moverse a otros sistemas semióticos, creando, en su transmediación, un mundo narrativo. Tercero, el crecimiento exponencial de la narrativa transmedia en diferentes disciplinas, considero que la convierte en un metagénero, siguiendo a Carter. Él (2007) definió el metagénero como una práctica similar de escribir, hacer y conocer en disciplinas relacionadas. Aunque Carter construye este término dentro del contexto del quehacer académico, creo que explica la razón de tantas prácticas transmedia en diferentes ámbitos. La mayor producción de narrativa transmedia en diferentes disciplinas son las emparentadas en el rubro de las Humanidades, ya que estas emplean la forma narrativa, la cual no es exclusiva de la ficción, sino, como manifiesta Ryan (2011, 2015), es una forma de pensamiento, un género mental en el que organizamos el conocimiento.

En la Figura 1 se aprecia una estructura de NT. Moloney (2019) identifica tres capas que la articulan: el contenido, la forma del medio y el canal. Su diagrama inicia con el enfoque disciplinar y la determinación de un género, para luego diferenciar entre medios, modos y modalidades. En el diagrama se aprecia cómo la NT es una estructura compleja formada por varios géneros; es una red de géneros interconectados por la narración, un macrogénero. Bateman define los macrogéneros (2008, p. 190) como sistemas que enmarcan diversos géneros, son marcos de construcción, como por ejemplo la poesía, que engloba la elegía, el madrigal, la oda, el soneto y muchos más. Así, la NT se conforma de diversos géneros, los que seleccione el cuerpo que la diseñe, ya que no se puede hablar de una autoría ostentada por una sola persona, sino de un cuerpo de creadores y realizadores que llevan a cabo la producción transmedia.

Figura 1
Estructura de NT

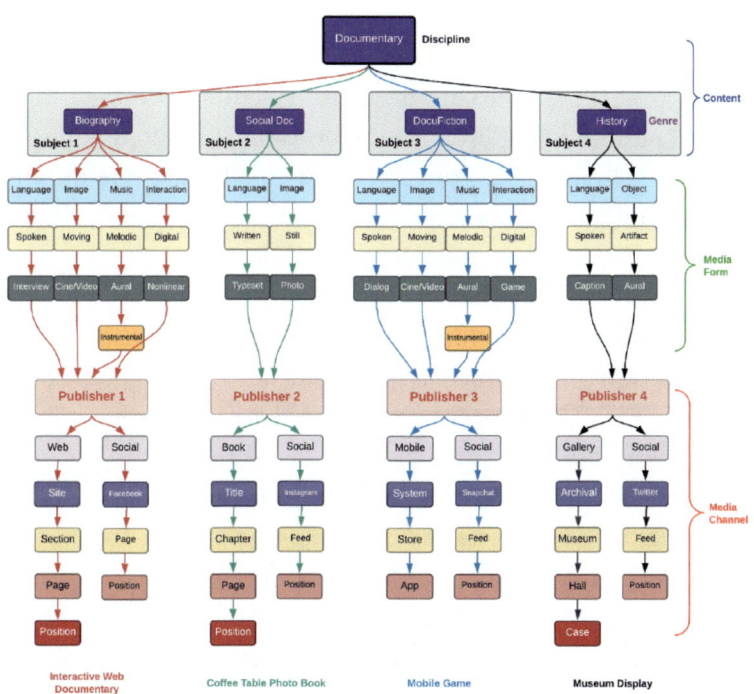

Tomado de: Moloney 2019, p. 3562

Entonces, la NT puede ser un metagénero si el enfoque de análisis engloba diversas disciplinas, o un macrogénero si el enfoque de análisis es respecto a una producción transmedia. Las siguientes líneas tienen una perspectiva doble respecto a lo particular de los textos y, en lo general, de la NT como un macrogénero.

Retomemos la heteroglosia de Bajtín. Para él, la novela era heteroglósica porque contenía varios géneros y era capaz de enmarcar y absorber otras formas, como una carta, un poema o la descripción de una pintura (écfrasis). De tal suerte que, si pensamos en la novela contemporánea como género, será un macrogénero que incorpora en ella una variedad de géneros y transformaciones verbales de manifestaciones no lingüísticas, como la pintura o la música. Así como la novela es heteroglósica, la NT no solo incorpora otros géneros en ella, sino que impulsa al lector a migrar por diferentes espacios textuales que involucran distintas modalidades y canales.

Ahora bien, el hecho de que el texto surja a partir de otros textos, ya sea por una transformación, extensión, adaptación o cualquier otro procedimiento, manifiesta que existen referencias a otros géneros y los incorpore en él por alusión, parodia, citación, etc. En términos de crítica literaria de Genette, un texto será producto de su ubicación dentro de un hipotexto e hipertexto. El hipertexto de Genette no tiene relación directa con la web, que pone en juego a diferentes textos unidos por hipervínculos. Un hipervínculo será a nivel del texto cuando haya una autorreferencia a una sección dentro de él, mientras que a nivel de red de textos, direccionará a otro espacio textual. En un texto digital, los hipervínculos enlazan formas textuales de diversos géneros dentro de un texto genéricamente diferente a ellos. El hipertexto, de forma indirecta, plantea una red de textos, como en la web, en la que uno de ellos será el resultado de uno anterior (hipotexto) y el detonante para uno siguiente (hipertexto). En este sentido, de manera indirecta, el hipertexto son los textos que circulan libremente, manifestando o no su procedencia anterior; esto es labor del lector ubicarlos en un flujo de trabajo cronológico.

¿Cuáles son sus elementos?

El diagrama que presenta Moloney contribuye a la identificación del esquema y los estratos constitutivos de la NT. El planteamiento taxonómico jerárquico obedece al objetivo de mostrar las relaciones de pertenencia respecto a una disciplina desde la cual se desprende toda la producción transmedia. La relación entre los diferentes textos de la NT no está propiamente aislada, sino interconectada con otros, como una red de textos (Figura 2). Robert Pratten (2011) identifica cuatro tipos de NT según el espacio narrativo y el número las plataformas que emplea. Un primer tipo, es la NT de franquicia que emplea un espacio narrativo múltiple en un solo medio; por ejemplo, series televisivas o películas seriadas. En segundo tipo, es el *portmaneau* cuando se basa en una sola narración que se extiende en muchas plataformas como los juegos de realidades alternas. El tercer tipo es la franquicia *portmaneau* que usa una narración múltiple en múltiples espacios como MCU. El cuarto tipo es una mezcla de los anteriores, un ARG con un cómic y un libro, por ejemplo. El siguiente diagrama es una ilustración de los componentes de la NT que están dispuestos de manera vertical e interconectados (Figura 2). En las NT múltiples, como MCU, no hay una entrada a la narración. Teóricamente debe estar diseñada para ser policéntrica de tal suerte que el lector pueda quedar enganchado en cualquiera de sus partes.

Figura 2
Red de textos de narración trasnmedia

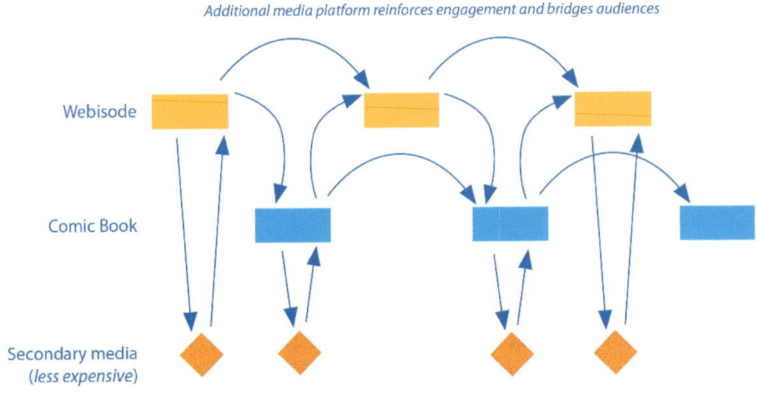

Tomado de Pratten, 2011, p. 48

El estudio de Javanshir, Carroll y Millard (2020) deja entrever que los componentes de la NT no solo son resultado de la adición de narración, medios y participación de usuarios, sino también de sus rutas lectoras. Los autores mencionados ubicaron cuatro patrones de navegación de los usuarios de las NT: lineal, no lineal, acumulativo y complejo. El primero ocurre cuando el usuario se desplaza de un canal a otro sin poder regresar al anterior; el no lineal permite que la audiencia elija el canal siguiente; el acumulativo tiene un efecto lineal, en el que se acumula el nuevo contenido y al mismo tiempo permite al usuario regresar al contenido anterior; finalmente, el conectado es el que posee varios hipervínculos en cada canal, que dirigen a otros espacios.

Estos patrones responden a eventos comunicativos, que poseen y dan esquema a un tipo de NT que se suman a las propuestas de Pratten. Los llamo eventos comunicativos a lo que Javanshir *et al.* refieren como «formas», ya que mezcla de modalidades, géneros, productores y medios que se engloba en ese rubro (Figura 3). Los eventos comunicativos y su tipo de narración permiten fluir o no en determinadas direcciones. También, los patrones dependen de la instancia, de la dinámica y de la relación del producto con la audiencia, que puede ser en vivo, en un juego de roles, centrado en la audiencia o en el artefacto. Aunque los autores no hayan inscrito su investigación dentro de la teoría de género, se aprecian los rubros propuestos por Swales (1990) en cuanto a considerar los patrones esquemáticos similares a: estructura, estilo, contenido y audiencia (p. 58).

Figura 3

Relación entre patrones marcos comunicativos y patrones primarios de narración, consumo e instancia

Table 7. Primary patterns of each form.

Form	Story	Navigational	Instance
		Primary Patterns	
Interactive Film/Second Screen	Subsidiary Portmanteau	Non-Linear Linear Connected	Live Artefact Audience-centric
Alternate Reality Games	Portmanteau Many Stories	Cumulative Non-Linear Linear Connected	Role-play Live
Media Franchises	Many Stories	Cumulative Connected Non-Linear	Role-play Audience-centric Live Artefact
Escape Rooms	Portmanteau Subsidiary	Non-Linear Cumulative	Role-play Live Artefact
Table Top Role-playing Games	Portmanteau Subsidiary	Cumulative Linear	Role-play Live
Exhibits	Portmanteau Many Stories Subsidiary Portmanteau	Non-Linear Artefact	Role-play Live

https://doi.org/10.1371/journal.pone.0225910.t007

Tomado de Javanshir, Carroll y Millard, 2020, p. 29

¿Qué conexiones supone?

La interconexión entre los textos de diversos géneros de la NT forma una red. Primero, están articulados bajo un mismo marco comunicativo. Este es el arco comunicativo y también el ambiente que genera experiencias en el lector. Leeuwen (2005) menciona que el texto no está orientado hacia un proceso, sino que es el ambiente de ese proceso. Este es uno de los objetivos de las NT: crear un entorno, un ambiente narrativo interconectado para sumergir al lector.

Los textos de la NT comparten características por yuxtaposición crean puentes entre ellos. Los elementos yuxtapuestos, muchas veces, son personajes que migran de un espacio textual a otro; también pueden ser objetos, escenarios, un pasado común, etc. Estos elementos dan la sensación de un flujo narrativo, que se abordará en la tercera sección de este capítulo.

Ningún texto está acabado, y siempre está en conexión con otros existentes o potenciales; los textos tienen la apertura de seguir escribiéndose. En la NT, estas entradas de extensión están marcadas en su diseño; son los «hole cheese», en los que se inserta la participación de la audiencia como redactora y difusora de la NT. De tal suerte, la NT puede extenderse a lo largo del tiempo y de forma interrumpida. Con esto englobo entregas que duran muchos años al aire, entregas periódicas cada año o cada dos años, y también aquellas que, una vez finalizadas, sus seguidores continúan ampliando material textual de ellas. Incluso, la NT puede formarse, de manera no intencionada, por la iteración de un personaje o elemento narrativo que, a lo largo del tiempo, va migrando en diferentes espacios textuales, engrosando su trama, consolidando su presencia en el escenario de ficción y arraigándose en la cultura. El ambiente narrativo transmedia se logra por el flujo de este elemento narrativo, que muchas veces es un personaje, entre los espacios textuales que no se diseñaron para ser transmedia, pero que el lector los ensambla así.

Existe una conexión entre los paratextos y metatextos, ya que dan forma e influyen en las expectativas de los lectores y en la recepción del texto. Hay una conexión entre la NT y sus metatextos y paratextos, muchos de ellos generados por sus seguidores. Estos textos orbitan alrededor de la NT sin expandir la narración, pero se refieren a ella y deben considerarse como piezas de contenido breve (*snakable content*) (Scolari, 2014, p. 4). Esto lo entiendo en el sentido de que, si bien no amplían la narración, sí son amplificadores de su significado en el resto de la población; ayudan o no a su mejor recepción y redondean su significado. Frow escribe que el paratexto acerca el texto al lector para que lo lea de determinada manera. En este sentido, el paratexto es una zona de transacción (2015, p. 113). Freeman (2023) ejemplifica la importancia del paratexto en el filme *The Winter Soldier*, el cual recicló el género de espionaje de la década de 1960, fusionándolo con el cómic. Este filme resalta del resto de las películas de *Capitán América*, y ha sido el paratexto el que la ha homogeneizado con el cuerpo al que pertenece.

El propósito por el que están unidos los textos heterogenéricos dentro de la NT que forma un macrogénero es el fin que persigue y el tipo de audiencia que se desea alcanzar. En cuanto al objetivo que persigue, se han distinguido dos subclasificaciones de la NT: aquella de ficción con fines estéticos y de entretenimiento, y la de no ficción, que son divulgativas, formativas, políticas, laborales y comerciales (publicidad, mercadotecnia) para hacer crecer un negocio. Estas últimas, algunas veces, se insertan en las de ficción, como *Harry Potter* y un restaurante temático.

Sobre el tipo de audiencia, la selección de los géneros estará en estrecha relación con la audiencia que se desea alcanzar. Freeman (2023) analizó géneros que sobresalen de su contexto de NT de franquicia. Él encontró que la selección del género se relacionaba con la demanda específica de contenido, las necesidades de integrar otras audiencias, explotarlas e incorporarlas, agregando a la lista la creación de alianzas con otras industrias mediáticas, como por ejemplo, HBO y Spotify. Estos factores son los que modelan la preferencia de un género sobre otro, ya sea para extender la narración, para la atracción, etc., que puede ejercer la función de epitomizar la NT.

A nivel disciplinar, la narrativa transmedia puede considerarse también un metagénero. Por lo tanto, se podrán ensamblar NT de la historia, de las ciencias, etc., como lo ha hecho Barsaraba respecto al turismo. Una investigación también puede ser presentada como NT, dispersando su contenido en diferentes espacios textuales definidos bajo un arco narrativo que será la tesis del investigador.

El género guía un conjunto de expectativas orientadas al lector. Aun cuando el género siga una fórmula, esta será interpretada de manera diferente según su función dentro de una situación comunicativa determinada. Retomo el ejemplo de Frow: un video casero de una boda, para los desposados será algo biográfico; si lo ve una persona con una distancia de 30 años, será un documental; si lo ve un jurado, será una evidencia; a esto sumemos el factor cultural. En este sentido, el género es un marco de construcción paradójica, como explica Devitt (2004), ya que, a la vez que el contexto o situación determinada forma el género, este a su vez construye situaciones a las que responde. De esta forma, es fácil comprender cómo la NT puede ser considerada un macrogénero, ya que es heredera, como lo apreciamos en el capítulo anterior, de una larga tradición de rupturas que han convertido al texto en fragmentos resultado del vencimiento de diferentes fronteras, que han encontrado un cobijo en las NT, que son de largo aliento. Frow escribe que el hecho de que se ubiquen los textos y géneros en relación a acciones sociales y entornos sociales, no es que estos sean reducible a este entorno (2005, p. 19), sino que se han de entender a partir de este.

¿El género es transmedia o la NT es un género?

Espero que el lector pueda ya responder esta pregunta. La teoría del género es diversa, pero en general coincide en que un grupo de textos forma un nuevo género, una nueva clase de textos, cuando tienen una estructura, retórica y forma semejante. La problemática con la narrativa transmedia es que tiene rasgos estructurales, pero no formales ni retóricos, ya que depende de los textos que incorpora. A la vez, el grupo de textos que se articulan bajo la NT forma parte de su estructura, pero esta también es definida por ellos. La NT basa su similitud como género en su estructura, que es una constelación compleja de heterogeneidad genérica en la que los textos están (inter)conectados.

Considero que una propiedad de los textos es desplazarse entre los género en diferentes sistemas semióticos y de crear géneros híbridos en las zonas de cruce. La NT funciona como un macrogénero porque diseña un marco comunicativo completo y complejo, formado por redes de textos/géneros en los que está incorporada la participación de la audiencia, en sus diferentes gamas.

El hecho de que la NT ponga en el escenario diferentes géneros no significa que sea el género lo que transite entre los espacios textuales o los canales, sino la narración. Esta narración «madre» será la que adopte diferentes géneros según la audiencia que se desee alcanzar o la que convenga para recaudar fondos y que la producción continúe. Creer que la NT es un género que se desplaza invisibiliza la riqueza del género; ya que uno solo está formado por varios. Según la perspectiva, el género de terror puede tener tintes de romance, aventura, wéstern…, siendo el dominante bajo el cual el texto quedará etiquetado. El hecho de que la narrativa transmedia se origine por la transmediación de un texto anterior no significa que lo que se transmedie sea el género. Este funciona como un mapa de expectativas que ayuda a tener el panorama de las relaciones entre los elementos narrativos, pero no es el «estelar» de la transmediación, sino la narración. Lo que transita entre los espacios textuales no es un género, son los significados que ha incorporado ese género; en las zonas de transición, el género puede perderse para incorporarse a otro tipo de público, o crear un nuevo género, pues ese que se quiere traducir no existe en el sistema destino. Una cosa es que el género, al aplicarse en diferentes fronteras, pueda ser transmedial y transnacional, como lo define Cohen; y otra es que la NT sea un género.

Freeman (2023) identifica diversas maneras en las que las NT emplean los géneros, ya sea para complacer a una audiencia específica, para vincular diferentes textos, para empoderar, democratizar, distribuir, influir, incorporar o ficcionalizar. Aun cuando él emplea la palabra «género» para cada una de estas acciones, el contexto en el que las emplea no apunta a una cuestión de género; me parece más bien que son clasificaciones de las NT según su función y objetivo. Estas funciones pueden ser adoptadas por el texto independientemente del género que tenga para cumplir con un fin específico.

En este sentido, podemos considerar que la NT es un género. Según Miller (2016), los géneros emergentes son aquellos que necesitan fundamentarse relacionando el cuerpo de textos que constituye un nuevo género y la comunidad de la cual emergen como algo nuevo (2016, p. 15). Estas relaciones han quedado fincadas en muchos estudios a los que me he referido hasta ahora y a los que referiré en las siguientes secciones. Lo que observo es que las investigaciones se basan en una de tantas relaciones que tiene la NT, es decir, se enfocan en la música y la narración, o la narración y sus extensiones, o la narración y la participación, etc., pero no de forma general, considerando todos sus aspectos. Esta es, en definitiva, una labor que se ha subsanado con la edición de series sobre las NT. El hecho de que se quiera diferenciar la NT de otras narraciones, como la posdigital (Meyerhofer-Parra, *et al.*, 2024), la narrativa interactiva, y que dentro de las NT se distinga entre las de ficción y no ficción, apunta a una discriminación de elementos y características de aquello que no es NT y aquello que dentro de la NT pertenece a un subgénero.

Lo viejo: la familia trans, primos, hermanos y mellizos

Una vez definida la estructura de la NT, es necesario poner en el escenario los términos con los que se relaciona. No es la intención cortar el tejido que los une, sino poder diferenciar y redimensionar los procesos que conectan los textos entre sí.

Este apartado pretende dar respuesta a la pregunta: ¿qué relación implica la interconexión entre diferentes textos heterogenéricos dispersos en distintos espacios textuales? Para ello, retomo la dimensión intertextual de Fiske (2010). Aunque él la aplica a la televisión, sirve para analizar cualquier otro medio o texto mediático, ya que es una categoría de análisis. Así, me serviré de ella para explicar las relaciones de la NT.

Fiske analiza las relaciones entre los textos según los ejes horizontal y vertical. Las relaciones horizontales son entre textos primarios vinculados por el género, los personajes o el contenido. La intertextualidad vertical se da cuando el texto primario tiene derivados que siempre apuntan al primario. El eje horizontal nos permitirá comprender las relaciones de transmediación a lo largo de la historia, mientras que el eje vertical, las relaciones dentro de una NT y de transversalidad.

Historiografía intersemiótica

La dimensión horizontal permite observar las relaciones de transmediación entre textos mediáticos a través del personaje, contenido, género y lugar, los cuales fluyen atravesando diferentes espacios textuales.

Pardo (2018) identifica dos tipos de ficción transmedial: la ficción transmediática, que expande el universo diegético original en diferentes medios, y la ficción transmediada es la transmediación constante del universo diegético.

Comencemos por la ficción transmediada. Esta se determina por su relación respecto a textos dispuestos en otro medio. La transmediación es la traducción, desplazamiento o transacción de cualquier tipo de sistema semiótico a otro. Es decir, la ficción transmediática es producto de la transposición intersemiótica. Se denomina así y no transmediación porque es un proceso que no depende de los medios ni se limita a ellos, como escribe Clüver, sino a un terreno de formas específicas (2006, p. 31). La transposición intersemiótica tiene un equivalente en el término transemiotización, ya que cada sistema de signos es un sistema semiótico en el que hay una transferencia de significados, aunque pueda no haberla de formas, sí de modos y modalidades equivalentes. Elleström señala que estas transacciones ocurren en tanto se transfieren formas básicas y competentes.

Ahora bien, la ficción transmediática de Pardo hace referencia al cuerpo textual que ha sido transemiotizado constantemente a lo largo del tiempo. Sin embargo, a diferencia de Pardo, creo que no está limitado al universo diegético; cualquier elemento de la narración puede cruzar las fronteras semióticas. La ficción transmediática nace de un texto que acumula versiones y adaptaciones en diferentes sistemas semióticos y se ensancha en ellos, manteniendo, siguiendo a Fiske, un personaje, un contenido, una trama o un género. Sobre el género, Fiske lo explica ampliamente, pues la asociación entre un programa y otro tiene que ver con su género. Este es el punto de intersección entre dos programas que podrían parecer disímiles. La relación por contigüidad de los programas es lo que permite el flujo y el enganche del espectador. Sirva de ilustración lo que sucede con los catálogos por género, actor, país, etc., en las plataformas de streaming.

Sobre los personajes y el contenido, Saggini y Soccio (2018) estudian la figura de Frankenstein, en términos de Thön (2019), como personajes de plantilla (character template), en los que los personajes sirven de contenedores y como personajes de perfil o estereotipo (character type). Es decir, aunque no esté mencionado Frankenstein, el personaje tiene su perfil. Así, Frankenstein ha acumulado diferentes versiones transemióticas de sí mismo desde que Shelley lo creara; no solo las versiones que se acumulan en el cine, sino también en la pintura, la fotografía, el teatro, la ópera, la danza, la comida, las fiestas inmersivas, entre otros.

En la práctica, hay muchos más elementos que manifiestan la relación entre textos por el contenido y el personaje. Kunz y Wilde (2023) teorizan sobre lo que entiendo son dos procesos inversos de transemiotización que ellos denominan transmediación, en tanto son ensanchamientos. El primer proceso (convergente-divergente) ocurre cuando un personaje se ensancha a lo largo de la historia, se escribe y reescribe o se aclimata a diferentes latitudes y propósitos; esto lo convierte en un ícono cultural que amalgama variantes incluso contradictorias, lo hacen adquirir un estatus mítico (Brooker, 2013). Esta proliferación transaccional (Voigts, 2022, p. 26) de elementos ficcionales hace que Frankenstein deje de ser un personaje para convertirse en un símbolo al que se transfieren contenidos culturales, sociales y económicos, según el contexto en el que se vuelva a emplear. Lo mismo ocurre con los memes: sirven como plantillas prediseñadas que, por sí mismas, ya llevan un mensaje, pero al separarse de su texto original se vuelven a resignificar en otro evento comunicativo, con todos los cambios que esto implica. No es tan solo el desplazamiento de un medio a otro, sino de los procesos de resignificación que conllevan. Es por esto que López (2020) se refiere a estos textos como textos–cultura o textos culturales, porque en ellos se analiza la adaptación transhistórica que refleja elementos narratológicos, performativos y culturales.

El segundo proceso de transmediación es cuando el personaje se traslada de la ficción a la no ficción, como ocurre con el cosplay; y lo inverso es cuando se transmedia de la no ficción a la ficción, como en los carteles o las identidades transmediales, tal como lo hace Mendes y Perrot (2020) con la figura de David Bowie (2020). Hay que añadir que también los lugares se convierten en el cruce de diferentes hilos narrativos transmedia (Hancox, 2021) o bien en espacios en los que convergen personajes de diferentes ficciones. Hay un amplio horizonte sobre el tema de transemiotización en cuanto al ensanchamiento de personajes y tramas. Este fenómeno se ubica de manera general en el siglo XIX (López, 2020; Scolari, Bertetti y Freeman, 2014; Meyer y Pietrzak, 2022; Benjamin, 2017; Haugtvedt, 2022; Camden y Faber, 2018), aunque desde el surgimiento y la comercialización de la imprenta ya se puede apreciar su origen.

Frankenstein, Drácula y Sherlock Holmes, dispersos en diferentes sistemas semióticos, comparten una estructura semejante a la NT, ya que es una narración ensanchada por la producción de sus seguidores y abarcan diferentes medios. Sin embargo, ni Frankenstein ni Drácula nacieron con la intención de ser transmediados. El hecho de que sean transemiotizados no los convierte en narrativas transmedia. Es por ello que Richards (2017) hace una diferencia entre transtextual y transmedial: «"Transtextual" storytelling refers to a narrative created through accretion across multiple texts rather than within a single work, while "transmedial" storytelling refers to a narrative unfolding across more than one medium» (p. 15). Quizá el término transtextual no sea el más adecuado, ya que la NT, al desenvolverse y atravesar diferentes medios, también podría considerarse un transtexto. Pese a esto, la diferencia entre uno y otro radica esencialmente en el diseño de involucrar diferentes medios intencionalmente y el proceso natural de transemiotización a lo largo de la historia.

Una iniciativa de NT muchas veces comienza con la transmediación de un texto que se posee para organizar su contenido de forma transmedia, tal como sucedió con *Game of Thrones* respecto a *A Song of Ice and Fire* de G. R. R. Martin. Esto es constante en muchos otros proyectos transmedia, ya sean de entretenimiento, educativos o de investigación. Se inicia con la transmediación de una ficción, que luego comienza a ensanchar dependiendo o no de la recepción del auditorio; en el ámbito escolar, el ensanchamiento de la narración es realizado por los estudiantes o participantes que ocupan la función de seguidores o fans. Ellos son quienes elaboran diferentes productos mediáticos como respuesta a su agrado (o desagrado) de la narración. Hutcheon denomina estos proyectos de ser adaptaciones transmedia, pues transcodifican proyectos existentes (2012, p. 213); es decir, nacen de una transmediación y se montan transmedia. Por esta razón, la NT no es un subcomponente de la transmediación (ver Freeman, 2018), sino un resultado posible de ella.

Se ha hecho una breve revisión de cinco términos (ficción transmediática, relato transtextual, texto-cultura, adaptación transmedia, proliferación transaccional) relacionados con un mismo fenómeno: la trasposición intersemiótica de un texto a lo largo del tiempo por diversos autores, sin la intención inicial de tener ese alcance, recepción y procesos de apropiación. Este tipo de narraciones transmediales refleja la necesidad que propone Müller de emprender una historiografía de medios (2011). Según el autor, es imprescindible plantear una reconstrucción de las funciones sociales ligadas a los procesos de transmediación, que combinan lo físico, lo espacial y la construcción de significados en sus diversos formatos (p. 28), para señalar cómo se desarrolla una tendencia de complejidad o cómo los medios dejan su trazo en los textos, qué modalidades son reconstruidas, cuáles son las formas de acción social y cuáles son las experiencias estéticas de los lectores (p. 33) a lo largo del tiempo.

La sombrilla del arco

El eje vertical de la intertextualidad de Fichte consiste en las relaciones entre los textos primarios y los que de ellos emergen. Fichte propone tres tipos de textos. Los textos primarios son cualquier producto mediático que desencadena la producción de otros textos. Los secundarios corresponden a la metatextualidad, y se conforman por la crítica, la propaganda, la publicidad, que promueven la circulación de ciertos significados del texto primario. La paratextualidad también podría funcionar como texto secundario, ya que no forma parte del cuerpo del texto, pero sí establece ciertos tipos de relaciones en la construcción de significados, como los títulos, los resúmenes, el reparto, etc. Los textos terciarios son los textos que realizan los lectores o consumidores, ahora productores, es la creación de sus propios significados. Sirviéndonos de la lente de la NT, abordaremos estos tres tipos de textos.

Los textos primarios son aquellos abrazados por un mismo arco narrativo. Pardo los llama ficción transmediática, ya que es el universo diegético original que se expande a través de diferentes medios. A diferencia de la ficción transmediada, en la que la diégesis se adapta, pero sigue siendo la misma, a otro sistema semiótico, la expansión implica, para Pardo, una transformación.

La estructura de la NT considera una serie de transformaciones dentro de la historia central. El texto no es uniforme de inicio a fin; hay cambios que le dan movilidad al texto y a los significados que en él se encuentran. Junto con Genette, estimo que se aprecian transformaciones de tiempo (precuelas, secuelas); de modo (elipsis, iteración, historias paralelas); y de voz (cambio de foco y punto de vista).

La narración central es el cuerpo del texto principal, consumido por un amplio público. Por ejemplo, en *Game of Thrones* fue la serie de 8 temporadas y 78 episodios. Otros espacios textuales fueron las cuentas de los personajes, las listas de canciones en Spotify, Duolingo para aprender el idioma. Si estos textos pueden considerarse subsidiarios a la serie dentro de los textos primarios, entonces, ¿por qué Freeman escribe que las narrativas transmedia son heterárquicas? (2024, Introduction). Esto puede parecer contradictorio al enmarcarse dentro de los textos secundarios. Sin embargo, no hay contradicción, ya que Fiske categoriza los textos por el tipo de relaciones que tienen, no por una cuestión jerárquica.

Ahora bien, aunque no haya una jerarquía entre textos en la NT, sí existen espacios que desencadenan mayor productividad textual o en los que se concentra una mayor interacción con los espectadores o una mayor carga de input para el auditorio. Por otro lado, Freeman se refiere a la heterarquía a razón de los medios. La mayoría de las personas consumen la narración principal, la más popular de la NT, pero ya no continúan con el resto (2024, Introduction), que consumen los fans. Para quien se queda con la gran narración, esa es la única narración existente. Aun cuando los textos sean heterárquicos, no lo es el sistema de circulación. Muchas veces, la demanda específica de la comunidad fan desafía la autoridad del mundo creado por el escritor y hacen sus propias versiones, como en el caso de *Harry Potter*, o incluso cuando no lo desafíen, la producción de los seguidores está fuera del margen del *copyright*.

En este nivel, es necesario considerar que la NT sigue un libreto, un guion, una partitura, un texto generador como el códice o la biblia transmedia. Este posee el contenido que es transmediado a los diferentes sistemas semióticos que forman la NT. La expansión en este texto ya está prefigurada, así como su transformación y la evolución de la ficción.

El segundo cuerpo textual se conforma por el aparato metatextual y paratextual, que pone el texto en relación con la NT y los significados que se seleccionan para darle relevancia. Este conjunto de textos también es transmedial y sirve de caja de resonancia, en el sentido de que no es una extensión de la trama, pero habla de ella en diferentes espacios textuales. Así, la NT se vuelve a transmediar, es decir, si ya era transmedia, los textos secundarios, al estar en diferentes sistemas semióticos, lo transemiotizan.

Incluyo en los textos secundarios la paratextualidad porque los títulos, los resúmenes, los epílogos, las dedicatorias, los *bloopers*, los detrás de cámaras, las entrevistas... Todo ello va encaminado a hacer circular la NT en los sistemas culturales, ya sea para satisfacer/crear las necesidades de infoxicación, para ser iterativos, para imponer y, sobre todo, para establecer relaciones con el plano de no ficción. Los textos secundarios pueden ser iterativos, retomando a Freeman para dar coherencia a diferentes producciones o para empatar todas las películas bajo un mismo arco narrativo. La iteración de un mismo significado no solo da coherencia, también fija en la mente del espectador la idea de unidad.

Los textos terciarios se ubican en todos los textos que generan los seguidores de la NT y que la refieren. Los seguidores o aficionados de una NT mediática la toman para crear sus propios significados, resignificándola según sus propósitos específicos. Esto puede ocurrir como un todo o como una parte respecto a la narración. Como un todo, la NT se considera así y puede resignificarse con fiestas temáticas, cosplay, test de personalidad, estilos musicales, cortes de cabello, apropiaciones de diferente tipo de la narración que la ensanchan fuera de la «ley» que muchas veces infringen.

De la misma manera, se puede tomar una pieza de la NT y resignificarla, es decir, usar un gesto, una frase, un baile, una imagen, entre otros elementos. Todo tiene el potencial de convertirse en sí mismo en un fenómeno desprendido de la NT, usado con fines y propósitos específicos de los usuarios.

Todo esto hará volver a circular la NT desde otro plano, el de la vida cotidiana. Hay diferentes tipos de apropiaciones y mecanismos de adaptación; quiero resaltar el de la transficción, ya que Ryan (2017) lo asoció como una técnica de la NT. La transficción es el fenómeno que conecta o pone en relación dos o más textos unidos por elementos comunes, como un personaje, la trama o compartir un mismo universo ficcional (Saint-Gelais, 2011, 11-13). Para este autor, las relaciones transficcionales se centran en la migración de los personajes y ocurren a través de la expansión, el versionismo, el cruzamiento y la incorporación. Estas técnicas, junto con otras estrategias de adaptación, como la corrección, la actualización y la compresión, entre otras, hacen que la transficción se confunda con la transemiotización. Mittermaryer (2019, p. 558) argumenta que la diferencia radica en el enfoque: mientras que uno se basa en la ficción, el otro en los medios; sin embargo, el autor distingue la transficcionalidad transmedia en términos de que es un sistema narrativo ficcional compuesto por diferentes medios en los que se involucra un personaje que migra a diferentes espacios. Quizá, regresando a Gelais, la única diferencia sea que la migración es de productos textuales distintos y no dentro de uno, aunque este esté compuesto como la NT. Ryan (2013) señala que la NT es un caso de transficcionalidad (p. 366). Es fácil liarse entre estos términos, porque la transemiotización implica procesos de adaptación y apropiación, pero no es lo mismo el proceso, sus estrategias ni el resultado.

Esta idea la aborda Harrison (2023) al establecer la relación entre la adaptación y la estrategia de la transmediación (p. 36). Por su parte, Navas propone que los textos resultantes del proceso de reciclaje transemiótico (aunque el autor no emplea este último término) pueden ser de tipo: extendido, selectivo, reflexivos o regenerativos (Navas, 2012). Estos «nuevos» textos son el resultado de la cualidad que tienen todos los textos de ensancharse o proliferarse narrativamente. No es una característica exclusiva de las NT, pero es un objetivo al considerar, dentro de su diseño, la participación de la audiencia y de experiencias inmersivas para los lectores.

Aquí entran todas las adaptaciones y extensiones en cualquier medio, puestas en circulación por los consumidores, desde retos que se hacen virales hasta memes o fiestas temáticas, entre otros. Esta participación puede estar o no en el prediseño; lo que es cierto es que muchos lectores siempre querrán darle su propio significado a la narración.

Cabe agregar que, para Genette, la única forma de transformación era la seria (transposición y forgerie); las cómicas y lúdicas quedaban en el plano de la imitación. El problema es que, en la cultura digital, referirse a un original es complicado por las diferentes variaciones y derivados. Cuando un texto tiene una amplia recepción y genera versiones, puede ocasionar que el texto fuente se deforme o se pierda. La repetición y la reproducción intensa no deterioran, sino que dan valor al texto que está en circulación, aunque esto conlleve la pérdida del original. Al lado de Gunkel (2016), es inútil contraponer el original frente a la copia y observar la lucha entre ellos por mantener la igualdad o la diferencia. En realidad, no hay una batalla entre ambos, no hay una jerarquía entre el original y la copia, sino en la función y el uso del versionismo: *The variations, in other words, do not come from without, but express differential mechanisms which belong to the essence and origin of what is repeated* (p. 109). El tipo de reinvenciones que se da en la repetición, abonando a la historiografía de Müller, se traduce en el poder de circulación del texto.

Transversalidad: interacciones y transacciones

En este apartado abordaremos el concepto de transversalidad, que está emparentado con las NT. El punto de encuentro es que las proposiciones funcionan como arcos narrativos que abarcan diferentes textos mediáticos. Además, las proposiciones se estructuran de forma narrativa, la cual no es exclusiva de la ficción.

Nicole Barsaraba (2022) llama *remix transmedia* a *which is a reverse engineering of existing multimedia sources of heritage content into a digital narrative mother-ship* (p. 110). Ella emplea el término para referirse a la inversión del proceso de la NT: ya no es de lo uno a lo diverso, sino de lo diverso a lo uno. Barsaraba aplica el remix transmedia para formar una matriz de contenido que abarque la herencia cultural (tangible e intangible) que ya está dispersa para el público turista. La herencia cultural ya se encuentra dispersa en el lugar, realizada por diferentes productores, en diferentes sistemas semióticos, poseen una narración distinta que convergen en un espacio geográfico delimitado, a parte se tiene ganado el interés de los turistas por conocer una cultura, su involucramiento e inmersión. Barsaraba aplica siete fases: el conocimiento de la audiencia, definir metas comunes, selección de medios, invención, arreglos, diseño y actualización, para producir una narrativa digital interactiva.

Barsaraba construye un arco narrativo a partir de los diferentes textos culturales, lo mismo sucede en el quehacer académico. La creación de una matriz que abarque diferentes textos, Jay Lemke lo define con el término de transversalidad, que es la creación de significado que hace una persona al atravesar diferentes fronteras de medios, géneros, sitios, instituciones y contextos (2009). Este significado es efímero o idiotípico y representa una conexión o relación funcional temporal entre todos sus procesos constituyentes (2001). La creación de significado es tanto para los lectores de una NT de ficción como para aquellos que, como

Barsaraba, tienen un cúmulo de textos diferentes que desean atravesar con una narración.

La persona que crea significado a partir de este cúmulo de textos generados a lo largo de la historia humana persigue, como los *poachers* de Jenkins, bajo alguna premisa, hacer un descubrimiento o generar otras explicaciones para un fenómeno, entre otros propósitos. Este significado será el mondadientes que conecte los diferentes textos y creará, como en las narraciones de ficción a las que estamos más acostumbrados, un arco narrativo que los englobará y les dará sentido. La proposición que hace lo uno de lo diverso formará un transtexto, ya que atravesará diferentes textos y los resignificará en su conjunto.

El lector/escritor —quien en el ámbito de las NT de ficción se le ha llamado prosumer— elabora su proposición empleando un esquema narrativo. La narración es una plantilla cognitiva (Ryan, 2011) que permite articular sujetos, acciones, complementos, modalidades, trama, etc. La proposición, de acuerdo con Teun van Dijk, es un concepto para una circunstancia posible que manifiesta conexiones en circunstancias concretas en determinados mundos posibles; es la ligabilidad entre sí, producto de una interpretación (1992, p. 40). La proposición es el resultado del paso de la información al conocimiento, en el que están implicados los procesos de análisis, comprensión, interpretación, síntesis, abstracción, entre otros.

La información siempre ha estado dispersa en diferentes modalidades, géneros, tipos de texto, y el lector comprometido siempre ha buscado el hilo conductor del entramado de textos a los que su caza investigativa lo lleva. El lector comprometido se convertirá en productor y creará un *storyworld* de este mundo que pretende resolver u organizar de forma coherente, encontrar una explicación, descripción o estudiarlo en una de sus caras. A este tipo de lectoescritor (prosumer), Scolari lo llama *translector*, pues es capaz de interpretar e integrar en un único mundo textual los provenientes de diferentes medios y lenguajes (2015, p. 180). Quiero agregar que el *translector* es quien puede crear un hilo conductor que atraviesa diferentes fronteras intersemióticas y se materializa en un texto mediático singular o articulado como NT, que puede ser de lo uno a lo diverso o de lo diverso a lo uno.

El texto mediático que genere este *translector* no se convierte en una NT a menos que el texto sufra un proceso de transformación de traducción intersemiótica. Es decir, que yo estructure este capítulo en una NT de no ficción y disperse el contenido de la sección 1 en un docudrama, de la sección 2 lo convierta en una entrevista y la sección 3 se transforme en un pódcast. Es, como escribí antes, un proceso de doble tracción en tanto que se puede estructurar un conjunto de piezas bajo una proposición transversal y en tanto que estas se organizan como un todo que puede diseminarse en partes. En un entramado comunicativo, la NT será leída por alguien, quien creará un significado particular que atraviese como mondadientes todos esos textos. Esa proposición resignificará la multiplicidad de textos que atraviesa y, a su vez, el transtexto mediático podrá diseminarse de nueva cuenta.

Ahora bien, la creación de significado no se limita a la generación de conocimiento; también abarca experiencias cotidianas en las que constantemente atravesamos sistemas semióticos y creamos significado con base en los recursos a los que accedemos y tenemos disponibles. En otras palabras, atravesamos diferentes sistemas semióticos al comunicarnos; por ejemplo, un mensaje instantáneo se acompaña de un gif, de un enlace a TikTok, de un archivo de audio, etc. A la vez que consumimos los diferentes textos mediáticos, nosotros creamos significado de manera transversal, transmedial, y los regresamos al mundo semiótico. Los seres humanos constantemente transmediamos los mensajes que recibimos; los procesos mentales que realizamos son una traducción a nuestros propios términos de aquello que nos están comunicando. La comprensión implica un proceso de internalización y traducción a nuestros esquemas de lo que se está comunicando; así preparamos una respuesta que será una traducción de nuestro pensamiento a un gesto, a palabras, etc.

El problema al que se enfrenta el término de literacidad o alfabetización transmedia, en tanto correspondiente de la NT, es que, al querer abrir el enfoque a la transversalidad, no existe ningún aporte ni razón de ser de la literacidad transmedia. Esto se debe a que la información siempre ha estado dispersa y siempre ha sufrido traducciones intersemióticas; esto resulta en la preferencia de uso por la literacidad de medios. En todo caso, creo conveniente resaltar que, si hay algún aporte de la literacidad transmedia a la literacidad mediática, será la habilidad de crear un intertexto que unifique lo diverso a lo uno, construcción de significado, y la habilidad de poder diversificar ese uno a diferentes textos, la capacidad de traducirlos en otro sistema semiótico.

En este segundo apartado se emplearon los ejes de intertextualidad de Fiske para analizar las relaciones entre los textos que componen la NT. Fiske retoma el concepto de texto primario; considero que lo hace en términos de ubicar una procedencia fuente, no de establecer una jerarquía de supremacía, dado que, aun cuando los textos sean derivados, pueden fungir de primarios para otros.

La narrativa transmedia, la transficción, la transmediación y la transversalidad potencialmente se pueden confundir porque implican un movimiento en diferentes textos mediáticos que pertenecen a distintos sistemas semióticos. La diferencia de fondo se puede resumir en las narraciones que se estructuran bajo una premisa transmedia y que pueden ser de ficción y no ficción. La transversalidad, la transmediación y la transficción muestran una escala diferente de lo transmedia. Como escribe Meyer y Pietrzak, todas estas tendencias son características en el ambiente contemporáneo de medios y se pueden llamar retrospectivamente experiencias transmedia (Meyer y Pietrzak, 2022, p. 4). Aunque hay diferencias de fondo entre ellas, todas se pueden organizar con una estructura transmedia.

Las relaciones manifestadas en esta sección ponen en la arena términos emparentados con la NT que, aunque son difusos, siempre se están reactualizando según la disciplina que las estudie. Frelik se refiere a esta proliferación de términos como un pantano conceptual del que solo salimos cuando los conceptos nos sirven de categorizaciones para pensar los textos y estrategias para iluminar aspectos y relaciones con los textos que los rodean (2024, p. 76). Estos términos corresponden más a un enfoque analítico, ya que no alteran la estructura de la NT que se ha abordado en la sección anterior.

La NT no solo involucra la diseminación de la trama en diferentes productos mediáticos, sino también el significado de los textos se transforma y complementa al migrar de un texto mediático a otro. Este tema lo abordaremos en la siguiente sección.

Lo prestado: desplazamientos fronterizos, significados en flujo

Ya que Jenkins escribió que la NT es *a move from medium specific content toward content that flows across multiple media channels* (2006, p. 243), ¿existirá un desplazamiento de significado en tanto la narración fluye de un sistema semiótico a otro, o se extenderá reflejándose en el mismo? Y, ¿qué permite el flujo de significados de un espacio textual a otro? Creo que, independientemente de que cada texto sea único y realice su contribución según sus ventajas y limitaciones, la NT implica un movimiento de significado, ya que el artefacto textual principal puede, por sí mismo y según sus limitaciones, recuperar lo que se disemina en los otros textos. A pesar de esto, el lector prefiere y está acostumbrado a realizar lecturas breves de entretenimiento en diferentes plataformas con textos multimodales. Así que no es que el texto requiera de auxiliares para adquirir unidad o estar completo; se ha demostrado a lo largo de la historia que el texto escrito por sí solo es un artefacto muy complejo. Más bien, en este tipo de NT se mantiene un flujo de significado de un texto a otro. En esta sección se explicará el movimiento textual dentro de las NT, considerando los elementos propuestos por Pratten (2011): narración, plataformas, experiencia, audiencia, plan de negocios y ejecución.

El texto en movimiento

Tomaré la estafeta de la semiótica cultural de Lotman (1996) en la dimensión textual para explicar cómo el texto conlleva movimiento; no lo relacionaré con la cuestión cultural ni del pensamiento. Lotman define al texto como un espacio semiótico de entretejedura estructural y un dispositivo pensante de doble codificación, dinámica interna, tensión y funciones. No todo funciona como texto; la condición mínima es que posea una doble codificación o articulación. Aunque Lotman no lo escribe, su explicación apunta a la denotación y connotación de las formas o códigos. El contenido connotado se expresa por medio de la misma forma que comparte el denotado a quien anula. De lo contrario, el mantener solo la articulación denotada el texto será sólo monosémico y no un generador de sentido. Elleström (2021, p. 15) escribe que cualquier producto textual que apela la atención del lector es considerado un texto. Estos teóricos no se contradicen, ya que la apelación se basa en la contrariedad de sentido que el lector observa en el artefacto textual.

La estructura del texto es homogénea respecto a sí misma; forma una unidad inteligible, muestra rasgos que la definen y la hacen pertenecer a una clasificación. La unidad adquiere una perspectiva global de la función del texto hacia su contexto, ya sea inmediato o histórico; por ejemplo, la importancia de *La divina comedia* y la consolidación de la Iglesia católica romana. El texto se aprecia en su unidad. Lotman identifica esta función con el trabajo realizado por Propp, ya que llega a las estructuras de los cuentos por la unidad que estos poseen.

En su interior, el texto es heterogéneo debido a los subtextos que lo componen. Lotman identifica esta función con Bajtín, con la heteroglosia y el dialogismo. Los subtextos están en constante movimiento y son intraducibles los unos de los otros. Entre este aspecto bajtiniano y proppiano existe el dialogismo del texto. Esta dinámica entre homogeneidad y heterogeneidad crea una tensión entre la integración del texto a un cuerpo textual más amplio y al contexto, y una desintegración en tanto se conforma por diferentes substratos. En ellos se aprecia el contexto dentro del texto: las formas, los tropos, las relaciones políticas, sociales, estilísticas, entre otras, lo cual genera varios efectos de sentido al leer el texto.

El texto, a la vez que manifiesta información del contexto y autor que lo crearon, es una conciencia creadora que produce nuevos mensajes: «no solo es un recipiente pasivo de sentidos colocados desde afuera» (Lotman, 1996, p. 59). ¿Cómo se producen nuevos mensajes? Al entrar en contacto con el lector, «para que se realicen sus posibilidades generativas» (p. 62). El proceso de lectura trae a la superficie la reconstrucción del mensaje por parte del lector; el texto ejerce sobre los códigos del lector una influencia deformadora que, cuando se engrosa, es la generación de nuevos sentidos, y cuando se inscribe un código del lector al texto, tenderá a desfigurarlo, por ejemplo, al ver en Che Guevara un portavoz del capitalismo. En este caso, se impone al texto un sentido que no tiene y, por lo tanto, lo deforma al traicionar el sentido original. En la articulación denotada, el texto funciona homogéneo y homoestructural; verbi gracia, es un libro con capítulos que trata sobre la NT. En la articulación connotada, es heterogéneo y heteroestructural. En este ensayo hay presencia de varias voces (Lotman, Jenkins, etc.) que constituyen un poliglotismo interno y me han ayudado a formar y darle sustento a una premisa.

Entonces, no es que el texto surja de otro texto como el huevo y la gallina hasta los inicios de los tiempos. «El mínimo generador textual operante (...) es un texto en interacción con otros textos y con un medio semiótico» (p. 62), lo cual establece las condiciones materiales y «energéticas» para que se cree un texto. La generación de sentido está en el despliegue e interacción de las estructuras heterogéneas en diferentes niveles. A nivel de quien compone el texto, el proceso de creación de texto implicó la traducción y asimilación de material externo heterogéneo (otros textos) al código interno (procesos mentales del lector) en los que se diseñó el texto. De ahí le sucede el movimiento contrario: «sacar» el texto de lo interno a lo externo en tanto materialización de las ideas. La idea del autor se desplaza al exterior y se transforma en un nuevo mensaje con sus grados de fidelidad.

A nivel del lector, este realiza el mismo proceso al traducir a su código interno aquello que lee, reinterpretándolo dentro de su sistema mental. A nivel de sistemas semióticos, el texto tiene varias reinterpretaciones dentro del sistema al que pertenece, que son engrosamientos, corrientes y cismas del mismo; pensemos en el psicoanálisis. Dentro del sistema, el texto no es estático; se desplaza por él, ya sea que esté en la periferia y se deslice al centro, o viceversa. En este trayecto, el texto se reactualiza; por ejemplo, *Cenicienta* se ha reactualizado según el contexto y valores de la sociedad, así se explican las reactivaciones por aquello que es políticamente correcto. Otro tipo de movimiento es la transposición, que ya hemos abordado: el paso de frontera semiótica. Lotman escribe que la traducción no implica una creación de sentido, ya que el objetivo de la traducción es ser fiel al mensaje, es duplicarlo. La traducción no es una transformación, pero la transposición sí, ya que exige un cambio del texto al pasar la frontera estructural interna.

Otro concepto importante que está ligado al texto es el de la memoria. Lotman identifica dos tipos respecto al tipo de lector: abstracto y concreto. Se dice que el texto es un dispositivo pensante porque desencadena la generación de sentido y también porque tiene memoria. La memoria del texto es la transmisión de información depositada en él, con el fin de modular la memoria del lector. En el primer tipo, el volumen de memoria es reconstruida a detalle, extensamente; carece de abreviaciones, alusiones o sobreentendidos. El concreto es cuando se basa en una memoria compartida, se emplea un léxico común, íntimo. De esta manera es comprensible para el lector, pero puede ser incomprensible para los que no conocen esa memoria. El deseo de todo escritor es que su texto se transforme en una memoria colectiva, en el sentido de que permee la cultura al grado de poder ingresar a su memoria.

El texto es en sí mismo un espacio semiótico; es una zona de entrecruzamiento entre los actores (lectores, autores, mercado, etc.) y las capas estructurales entre las cuales existe una interdependencia (sonidos, palabras, significado, discurso, cotexto, contexto, género, etc.). Las estructuras del texto están entretejidas, de modo que no se puede examinar únicamente, por ejemplo, la forma sin abordar el sentido. El texto es un espacio semiótico por las transacciones que se llevan dentro y fuera de él. Al interior, por la dinámica entre sus partes heterogéneas, y al exterior, por los movimientos de transposición y explosión que pueden llevarlo a ser ingresado en otra estructura semiótica o en la misma de la que proviene.

En todo esto, la NT se ha de considerar un gran texto conformado por sus diferentes entregas en dos o más espacios textuales. Se entiende que el texto posee un significado que el lector reconstruye. Si el texto porta un significado que está en movimiento, ¿cómo se construirá y desplazará en una NT? ¿Y qué permite el flujo de significados de un espacio textual a otro?

Considero que la NT es una unidad homogénea en tanto que sus partes se distinguen de las que no la forman; y es heterogénea por la diversidad de textos que abarca. La unidad de la NT está formada por los diversos textos que iteran un significado, a la vez que lo ensanchan, lo reafirman, redondeándolo. La relación entre los textos en una NT está dada por el significado que sirve de conector entre ellos, tanto el significado que está en los textos como el que el lector (re)construye. De la misma manera en que la NT no es la suma de sus textos sino un todo, así también el significado de la NT no es la suma de los significados de los textos que la componen, sino uno global que les da unidad, coherencia y mantiene a los textos cohesionados y coordinados.

La NT es un dispositivo complejo por el número de textos que la conforman. En esta sección pretendo aportar al flujo de significado que se da en estos según los componentes que manifiesta Pratten: narración, plataformas, experiencia, audiencia, plan de negocios y ejecución. Estos dos últimos los uno tomando en cuenta, además del tipo de NT y su ejecución, aspectos externos del circuito en el que se crea y envía la NT.

Movimientos narrativos

Pratten entiende por narración una trama compuesta por personajes, línea de tiempo, espacios, gente, cultura, religión, lenguaje, economía, ciencia y ritos. En la NT, las diferentes narraciones están relacionadas por una trama que tiene una estructura de imágenes, la cual posee un patrón que se desplaza y desarrolla a lo largo de los espacios textuales. En esta sección, retomo el trabajo de Northrop Frye. No es mi intención (re)explicar lo que ya manifestó en *Anatomía de la crítica* (1991), solo destacar la idea del movimiento de significado de la narración por el *mytho*. Frye no escribió sobre NT, pero al basarse en una narración que se extiende, esta hace uso de estructuras de imágenes que, en el conjunto de diferentes textos, forman una gran narración que sigue una de estas estructuras.

Las mythoi son tramas genéricas o progenéricos narrativos. Frye identifica cuatro que relaciona con las cuatro estaciones, según el conjunto de imágenes y elementos simbólicos que emplean. Existen cuatro tipos principales de movimiento mítico, es decir, de tramas genéricas: el romance (lo ideal, analogía de la inocencia), la ironía y la sátira (lo real, analogía de la experiencia), lo cómico, que se identifica con lo ascendente apocalíptico, el final feliz, y la tragedia, que se relaciona con el movimiento descendente de lo demoníaco, la catástrofe. La etiqueta de Frye de las *mythoi* no tiene relación con los géneros literarios; les sirve para describir las características generales de las ficciones, no para indicar un género (p. 215).

El mito de la primavera es el de la comedia; el de verano-romance, otoño-tragedia; invierno-ironía y sátira. Se observan dos parejas opuestas: tragedia-comedia y romance-ironía. Entre ellas, hay una combinación, ya que el movimiento mítico se desplaza entre la estación que la precede y la antecede, existe un espectro de cambio al interior de cada estación. Este espectro son fases de la estructura mítica en las que existen pequeñas variaciones que se aprecian mucho mejor considerando los opuestos. Es decir, hay tres fases de la primavera-comedia que comparte con su antecesor invierno, y tres que comparte con su sucesor verano, y así sucesivamente. A lo largo de *Anatomía de la crítica* se aprecia la estructura narrativa en movimiento constante. A pesar del uso estructural de cada estación, Frye logra señalar las zonas de transición narrativa. En estas líneas, solo recupero la estructura de cada mythoi y dejo al lector la oportunidad de disfrutar el movimiento textual del que diserta Frye.

El mito de primavera: comedia. El mito se mueve de un centro social controlado por los personajes de mayor edad a ser controlado por los más jóvenes. Es la transformación de costumbres, servidumbre, leyes arbitrarias a una sociedad pragmática. Es un movimiento que da cuenta de la transformación por el espíritu del héroe que se rebela ante la sociedad senil.

La estructura narrativa es la de un joven que quiere a una joven de otra posición social. El padre resiste el deseo hasta que, en un giro, el joven cumple su voluntad. El vencimiento del joven desplaza el poder paterno y aparece con él una nueva sociedad; el final siempre es de celebración. Los obstáculos se dan en el choque entre voluntades filiales, y estos forman parte de la acción, que es el desplazamiento de centros sociales. Hay dos formas cómicas: la que enfatiza los personajes obstructores, escenas de reconocimiento del joven y reconciliación; la otra es centrada en la acción.

El mito de verano: romance. Esta estructura marca un movimiento de victoria de la fecundidad sobre la tierra baldía. Es el paso de un mundo perdido a uno recuperado. Se forma por el entretejimiento del mundo cíclico y el apocalíptico no desplazado, enmarcado en la búsqueda. El mundo perdido por un rey/sociedad, el dominio del dragón o monstruo, el surgimiento del héroe, quien aparentemente muere para recuperar el orden inicial de fertilidad. En cuanto al apocalíptico, es el mismo movimiento en el que se expulsa a alguien de su heredad (Adán y humanidad), anda errante en los laberintos de la historia, el héroe (Mesías) vence a sus enemigos (Satanás) y hay una restitución de la tierra prometida.

El mito de otoño: la tragedia. La tragedia se preocupa por destruir la familia y oponerla, aislándola, al resto de la sociedad. La estructura básica es que el héroe o heroína trágicos están en lo alto de la rueda de la fortuna de la que caen porque el héroe viola una ley, hamartia o falla, y en el desarrollado de la tragedia es poseído por la hybris o una mente orgullosa. La moira condiciona el equilibrio de la violación del héroe por lo que se envía a la némesis. La tragedia de venganza, es cuando se hereda una situación de enemistad; el regreso de vengador constituye la catástrofe. El proceso de la tragedia no es el proceso trágico. La primera es cuando el héroe viola una ley, que es la hamartia o falla, y en el desarrollo de la tragedia es poseído por la hybris o una mente orgullosa. La moira condiciona el equilibrio de la violación del héroe, por lo que se envía a la nemesis, que es el agente o instrumento de la venganza impersonal. El proceso de la tragedia es el ascenso gradual a la rueda de la fortuna y la angustia que genera la pérdida del destino superior. El trasfondo de la catarsis es la resurrección que sigue a la muerte; sin embargo, la «victoria» es la serenidad que supera la resignación del destino.

El invierno: la ironía y la sátira. Frye no se detiene a explicar la estructura ni los personajes, ya que es la misma que la cómica. La diferencia es que la sátira compromete al atacante con un juicio moral, una reprobación; la ironía es de contenido realista en los márgenes del mundo descarnado e inhumano.

Movimiento entre espacios textuales

Este apartado corresponde al de plataformas de Pratten. Él explica que la narración emplea al menos dos plataformas, y se ha de determinar el tiempo que tiene cada parte de la narración en cada plataforma, cómo se provee continuidad a lo largo de estas y el viaje entre ellas que realiza la audiencia.

Esto lo relaciono con el movimiento de significado entre plataformas, que son espacios textuales. El movimiento de significado sobre el que hipotetizo no se debe confundir con la disposición temporal y espacial de la narración. El movimiento de significado entre plataformas se basa en el cómo se construye este a lo largo de los diferentes espacios textuales, no de manera particular dentro de cada uno de ellos. Lo que se pretende es indagar cómo fluye el significado a través de los espacios textuales para observar el engranaje de la narrativa transmedia.

En este tenor, se sigue el estilo proppiano de encontrar la homogeneidad en la diversidad. Por ejemplo, la recomendación más destacada para estructurar el entramado de NT es *El héroe de las mil caras* de Campbell. En este apreciamos el movimiento de retorno; la movilidad narrativa se centra en el desplazamiento del héroe, quien supera diferentes obstáculos. En este ftipo de esquema, el movimiento de significado entre plataformas puede dibujar una elipsis, en tanto que cada espacio textual gira en relación con un centro: el personaje principal. Cada espacio textual manifestará uno de sus retos y apuntará al otro espacio textual sin dejar de orbitar sobre el personaje. El héroe será un punto, el centro alrededor del cual giran los espacios mismos o textuales siguiendo el esquema de Campbell.

En el ejemplo, el esquema del viaje del héroe coincide con la disposición entre plataformas de manera consecutiva, aunque esto no es un requisito, es decir, no suponen una relación recíproca con la línea temporal de la narración. Señalo cuatro tipos de movimiento de significado: estrella, elíptico, oscilatorio y espiral (Figura 1).

1. Estrella. Es el esquema clásico empleado por Pratten, en el que hay una historia central que domina la composición transmedia, de ella se desprende una precuela, una secuela u otros ensanchamientos. El significado de la narración principal queda en suspensión para desplazarse a los otros textos. La narración principal contiene la carga completa del significado, que se desplaza en un movimiento de irradiación, explicándose en la secuela y justificándose en la precuela, siguiendo un patrón en el que se reafirma el significado central.

2. Elíptico. Esta figura describe el significado disperso en cada uno de los textos que giran en torno a un centro, ya sea un personaje o un evento. El significado resulta de la suma de los significados de los diferentes espacios textuales.

3. Oscilatorio. El movimiento de las narraciones que conforman el artefacto transmedia tiene una frecuencia distintiva, algo en ellas que se repite en los diferentes espacios. El movimiento de significado se encuentra en la iteración de estas escenas, personajes o cualquier otro elemento narrativo que se repite y en la variación que las abraza.

4. Espiral. El movimiento comienza con una producción que evoluciona con el tiempo, a la que se añaden otros personajes que pertenecen a otros universos ficticios; y se va engrosando con otros espacios y artefactos textuales. Pueden conformar una espiral a manera de embudo por su tamaño aparatoso, de muchas imbricaciones, que pueden resultar contradictorias a la historia inicial.

Figura 4

Tipos de movimiento de significado en artefactos transmedia

Tipo	estrella	elíptico	oscilatorio	espiral
Movimiento				
Dominante	narración central	personaje/ evento	espacios	narraciones
Flujo	Desplazamiento reafirmante $S=s1+S2+S3$	Suma $S= a+b+c$	Repetición y varianza $S=Ax+kA+nA$	Adherente $S= N1+N2+N3$

Elaboración propia

En el cuerpo de narraciones que se forman por transposiciones sucesivas a lo largo del tiempo, el movimiento de significado lo determina, me parece, los modos y modalidades que permiten articular una bisagra entre lo uno y lo otro, entre el material externo e interno. En movimiento de significado en las NT está determinado por el flujo entre los espacios textuales y un elemento dominante, ya sea una narración central, un personaje, un evento, los espacios mismo, o diferentes narraciones. En este sentido, es una relación de tipo intratextual la que determina el tipo de movimiento.

La característica compartida entre las narraciones transficcionales y las NT es la capacidad para consolidar imágenes en el flujo de significado. La reiteración, el desplazamiento, la suma o la adherencia, desde mi perspectiva, recaen sobre un elemento narrativo que, al encontrarse en diferentes espacios textuales comienza a imantarse de cualidades simbólicas, como el caso de *Drácula*. La multiplicidad de espacios y estructuras narrativas, que puede ser, a *grosso modo*, la redundancia del elemento narrativo multiplicado, hace manifiesta una epifanía del significado. Es decir, el significado fluye entre los diferentes espacios textuales por el canal narrativo, también porque en su desarrollo existen nodos que se imantan de significado. Esto es lo que Dijk llamó macroestructuras, que abstraen el significado completo de un espacio textual. Ahora al unir esos diferentes nodos, se reconstruye el significado del entorno transmedia. Los nodos fungen como centros epifánicos de sentido sobre los cuales se articula el flujo narrativo. Estos nodos pueden ser de tres tipos: imagen, símbolo, mito. Los nodos dependen del ecosistema creado en la narración y de cómo empleen los *mythoi*.

a) La imagen posee una carga semántica que representa la idea constante que se repite en los espacios textuales o se construya a lo largo de estos, como la imagen del fracaso, del poder, de la venganza, del amor, etc. Este nodo puede ser o no una impronta del lector, quien reconstruye el significado, es decir, a partir de lo que no sabe, de lo nuevo, de lo impactante, sintetice el significado completo de la NT.

b) El símbolo es la integración en una sola figura de cualidades contradictorias, es el sentido secreto y abstracto que emplea una representación concreta, como escribe Durand (1968). El símbolo se identifica por su carga especial que excede la imagen y se elabora a lo largo de la NT transmedia, es un elemento/personaje que adquiere una categoría especial, como el trono lleno de espadas. El símbolo puede nacer del uso especial y casi concéntrico que hace narración de él o bien un símbolo dentro de las *mythoi* que adquiere este estrato.

c) El mito es una categoría superior que se consolida a lo largo del tiempo y por diferentes textos mediáticos que se imprimen en la memoria cultural. La historiografía de medios que propuso Müller (2010) debería incluir este estrato de análisis, más que la división estructuralista, encontrar lo que expresa el mito en ese tiempo, qué redes simbólicas emplea, cuál es su fisionomía de la expresión, cuál es la pregnancia simbólica sociocultural, cómo se entreteje en otros espacios, cómo organiza la realidad. El hecho de que una NT se base en un mito, implica el proceso de desmitificación y remitización que también hay que abordar. A la par si esa época cultural, ese mito, fue recurrente, si la producción que nos ocupa es un fenómeno aislado. El mito, como mecanismo, permite el vaciado y llenado para, como escribiera Eliade, la trascendencia humana.

El proceso de significación es un proceso de tensión entre las acciones y las emociones, la intensidad y la tensión, lo presente y lo ausente. La semiótica tensiva y las precondiciones de significación sobre las que escribió Greimas, Landowski y Fontanille son un tema que puede completar esta propuesta.

Experiencia

Las experiencias en las NT tienen el precepto de sumergir al lector en una experiencia total, es el *engagement*. Esto incluye la curiosidad, el involucramiento en la narración, mantener la sorpresa, crear recompensas a la audiencia. Al estar dispersa, la NT genera un ambiente textual en el que el lector y forma una experiencia inmersiva, la cual se logra con el desplazamiento del lector de un texto al otro.

En este entendido, la percepción, las sensaciones, emociones y los sentimientos juegan una función muy importante en la recepción de un texto. Son estos elementos del mundo de la percepción sobre los que Fontanille diserta como el eje de la significación. El proceso de significación es interno y depende de lo sensible e inteligible, es resultado de la tensión entre tres elementos: la interoceptividad, relacionada con el plano de contenido; la exteroceptividad, asociada al plano de expresión; y la priopioceptividad, que hace significar a lo intero y exteroceptivo, quien es el lector. Es decir, la semiosis es propiocetiva y la significación es afectiva, emotiva, pasional, más que conceptual o cognitiva (Fontanille, 2001, p. 56).

La experiencia inmersiva será el resultado de: 1) haber captado la atención y 2) la acumulación de vivencias. Sobre el primer punto, es lo que Elleström llama «apelación», es cuando una cosa es percibida por alguien y entonces se transforma en texto. Según Fontanille (2001), es la correlación entre el dominio externo e interno que ocurre en el perceptor. Esto es que el campo de percepción depende de, además de la apelación, observar cambios de estado (el segundo punto). Ello implica que el perceptor tiene un punto de vista o una *mira* desde la cual capta los cambios del objeto, de otro sujeto o del ambiente. La *mira* se relaciona con las variaciones de intensidad y la captación con la extensión temporal y espacial. Los cambios correlacionados entre intensidad y extensión, entre la *mira* y la captación, adquieren posiciones de valor para el perceptor, y, unidos a las modalidades adquirrá determinado significado para el perceptor.

Si la NT ingresó en el radar del lector, su primer pie en ella deberá de sumergirlo y llevarlo a realizar el recorrido textual. Ya sea que este, lo lleve de la mano o que él inicie búsquedas, suscripciones, pague para asistir a un concierto, turismo de ficción, etc. El lector se constituye así como el eje del efecto de esa presencia experimentada por medio de su percepción y de las dimensiones sensoriales.

Audiencia

La audiencia es quien recibe la NT y a quien se le requiere. El texto siempre provoca cambios en tanto que forma parte de un entramado al interior de sí mismo, como al exterior de él; está incrustado en una relación de compra-venta, de ganancias y de audiencia, no es una estructura pasiva.

El texto tiene la función primordial de enviar un mensaje. Esto implica ya un movimiento del lector que se acerca física e intelectualmente al texto y del texto que se pone a la disposición de los lectores (con toda una maquinaria invisible en los estantes) para transmitir algo que el lector puede o no conocer.

El lector no es el mismo nunca, los diferentes consumos de textos cambian su perspectiva, por lo que nunca leerá dos veces el mismo texto de la misma forma; por su parte, el texto también tiende a engrosarse a lo largo del tiempo, como se ha explicado en el apartado anterior sobre la transposición, el autor puede reeditar el texto y este puede sufrir muchos cambios en manos de los usuarios. Incluso si nadie manipulara el texto, este se va transformando con el tiempo, adquiriendo otro valor sobre el del uso, por ejemplo, los libros antiguos y raros son una etiqueta sobre el valor de los textos. En las NT se enfatiza la importancia de la participación, de la comunidad de fans y de las comunidades de marca (Laurinchesse, 2017). Existe una orientación estrecha y limitada en la que se conduce a la audiencia (ver Keltie, 2017) y la desmitificación en torno a la participación (ver Kelty, 2020). Sin duda, esta característica es necesaria en las NT porque le agrega valor.

Como escribe Paolo Fabbri (2009), ni el lector ni el escritor son iguales una vez que han terminado el texto. En ese transcurso de tiempo se ha producido un cambio en ambos, por eso la lectura es un proceso de cambio. Recordemos a Gass en el capítulo anterior: tanto es el lector quien descubre al texto como el texto quien descubre al lector. Es decir, el lector se autodescubre por medio de los textos, dependiendo del nivel de compromiso que tenga con ellos. La autopercepción del lector, de su entorno y de otros textos dependerá de su experiencia lectora, así como de los mediadores de lectura. Estos son los que modelizan las interpretaciones de los textos y las percepciones, crean contextos de recepción y ponen a circular determinados textos en determinados circuitos.

Finalmente, el movimiento del texto posee la cualidad de marcar tendencias culturales. Aquí se engloba la capacidad de engendrar mundos fuera del texto y dentro de él. Se observa el movimiento del texto no solo en un estrato interior de la NT, sino a lo largo del tiempo, en su sentido diacrónico.

Plan de negocios y ejecución

Se refiere al modelo de negocio de la NT y su financiamiento. Estos elementos quiero relacionarlos con el gran sistema al que pertenece todo texto, que se forma por el entrecruzamiento de diversos actores. Retomo el diagrama (Figura 2) de Adams y Baker (1993), que a su vez rehace y reactualiza las ideas de Robert Darnton sobre el circuito de comunicación del libro. Lo describo brevemente, relacionándolo con la NT, aunque es aplicable a todo tipo de texto. El circuito se compone de publicación, manufactura, distribución, recepción y sobrevivencia.

La publicación tiene cuatro partes de transacción: el autor, el que financia, el manufacturador y el distribuidor. Estos pueden etiquetarse como creación, comunicación, ganancias y preservación. Muchas veces la publicación es financiada por el creador del texto, y la manufactura (tipo de formato, plataforma, gráficos…) este dependerá del presupuesto disponible; de otra manera, la manufactura variará en razón de los precios al público y el renombre del creador. La recepción de los textos depende tanto de la red de distribución como del conjunto de publicación y la narración.

La red de distribución consiste en ubicar la NT en plataformas accesibles al público, que tengan alcance y cobertura nacional e internacional, facilitar envíos nacionales e internacionales, promoción, entre otros. Muchas veces, el mismo diseñador de la

NT es quien hace labor de distribuirlo en su círculo de influencia, hace presentaciones, etc. Como parte de la distribución, el aparato metatextual comienza a funcionar con reseñas, entrevistas a los diseñadores de la NT, pósteres, anuncios, contratación de influenciadores para hacer eco, publicación de *bloopers*, detrás de escenas, tokens no fungibles, etc. La mercadotecnia forma parte de este rubro.

La sobrevivencia de los textos, según Adams y Barber, depende de tres factores: lo físico, el tamaño de la producción y la popularidad. Se deben contar la suscripción a canales, la creación de cuentas, la descarga de contenido, el reenvío, la mención de la NT, de actores, búsquedas, entre otros, que influyen en la popularidad y aceptación de la NT. Otro factor de la sobrevivencia es la preservación. Esta tiene un costo: si quien lo distribuye desea alojarlo de manera permanente en su catálogo o solo por un periodo de tiempo.

Finalmente, alrededor de estas fuerzas en las que se mueve la NT se encuentra la influencia intelectual, política, legal, comercial y social. Todas ellas conforman el ecosistema de una NT. Sin embargo, este ecosistema textual, al estar imbricado con otros textos de diferente especie, forma un gran ecosistema. Existen dos enfoques de abordaje, desde el ecosistema mediático, en el que los medios son semejantes a especies en evolución. La otra perspectiva es la ecología de medios (ver Scolari, 2015) en los que ser humano y los medios se influyen recíprocamente.

Figura 5

La coyuntura socieconómica del texto

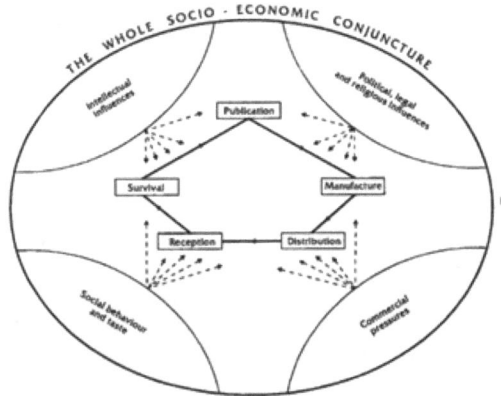

Tomado de: Adams y Baker, 1993, p. 14

Recapitulación

Se ha sintetizado el capítulo bajo el título *Lo viejo, lo prestado y lo nuevo*. Como se ha apreciado, «lo viejo», en continuación con el capítulo anterior, se refiere a cómo la NT se afianza en elementos preexistentes, como los elementos narrativos, el género, los espacios textuales, la audiencia y la participación. «Lo prestado» son todas las estrategias y paralelismos que se entrecruzan con la NT. Se emplearon las categorías de intertextualidad de Fiske para explicar las interrelaciones entre los textos de la NT y deslindarlos de manera parcial por su imbricación con la transmediación, la transficción y la transversalidad. Estos términos pueden confundir porque implican un movimiento en diferentes textos mediáticos, ya sea que pertenezcan al mismo o a distinto sistema semiótico.

Se consideró que «lo nuevo» es que la NT es un macrogénero que engloba a otros, la diferencia entre sus diferentes estructuras, la relación entre sus estructuras y la red de significados que tejen. La NT conjunta textos heterogenéricos bajo una organización y conexión de contenido; al hacerlo, emplea diferentes estrategias para mantener un arco narrativo a través de los diferentes espacios textuales en los que fluye el significado de la narración. Se han distinguido a lo largo de la literatura la NT de ficción y no ficción.

El efecto de «lo viejo» y «lo prestado» invisibiliza la novedad de la NT, junto con la configuración del medio técnico e hipertextual en el que se dispersa la NT y sus significados. Cada uno de sus componentes estructurales —narración, plataformas, experiencia, audiencia, planeación— tiene un movimiento interno y externo, un juego entre homogeneidad y heterogeneidad. Como Cope y Kalantzis reiteran, el significado está en ferviente estado de cambio, exige su mutación y su transformación en otros sistemas semióticos.

Ahora bien, ¿cómo leer los artefactos transmedia? ¿Cómo se pueden analizar? ¿Cuáles son las fronteras entre un texto y otro, entre un componente y otro? ¿Cómo analizar ese movimiento de significado? Esto lo abordaremos en el siguiente capítulo.

Referencias

Adams, T. y Barker, N. (1993). «A New Model for the Study of the Book» en N. Barker (Ed.), *A Potency of Life Books in Society* (pp. 5-43). The British Library.

Alberich-Pascual, J. y Gómez Pérez, F. J. (2017). *Tiento para una estética transmedia. Vectores estéticos en la creación, producción, uso y consumo de narrativas transmediales*, Tropelias, 28 (29), 155-170. https://doi.org/10.26754/ojs_tropelias/tropelias.2017282044

Appadurai, A. (2001). *La modernidad desbordada. Dimensiones culturales de la globalización* (Trad. Gustavo Remedi). FCE.

Balbi, G. (2017). *Deconstructing «Media Convergence»:A Cultural History of the Buzzword, 1980-2010s*, en S. Spaviero, C. Peil, G. Balbi (Eds.), *Global Transformations in Media and Communication Research* (pp. 31-57). Palgrave. https://doi.org/10.1007/978-3-319-51289-1_2

Barsaraba, N. (2022). *Transmedia Narratives for Cultural Heritage*. Routledge.

Bateman, J. A. (2008). *Multimodality and Genre. A Foundations for the Systematic Analysis of Multimodal Documents*. Palgrave McMillan.

Benjamin, W. L. y Bourdaa, M. (2017). *The Rise of Transtexts*. Routledge.

Bernardo, N. (2014). *Transmedia 2.0: How to Create an Entertainment Brand Using a Transmedial Approach to Storytelling*. Beactive Books.

Bouchardon, S. (2012). *Du récit hypertextuel au récit interactif*, Revue de la BNF, 42, 13-20. https://doi.org/10.3917/rbnf.042.0013.

Brooker, W. (2000). *Batman unmasked: Analyzing a cultural icon*. Continuum.

Camden, J. y Faber Oestreich, K. (2018). *Trans-media Storytelling: Pemberley Digital's Adaptations of Jane Austen and Mary Shelley*. Cambridge Scholars Publishing.

Carter, M. (2007). *Ways of Knowing, Doing, and Writing in the Disciplines, College Composition and Communication*, 58(3), 385-418. http://www.jstor.org/stable/20456952.

Clüver, K. (2006). *Intertextus/interartes/Intermedia, Aletria*, 11-41. http://www.letras.ufmg.br/poslit

Cohen, R. (2017). *Genre Theory and Historical Change. Theoretical Essays*. University of Virginia Press.

Couldry, N. (2003). *Media Rituals. A critical approach*. Routledge.

Couldry, N. (2011). *More sociology, more culture, more politics: or, a modest proposal for "convergence" studies, Cultural Studies*, 25(4-5), 487-501. https://doi.org/10.1080/09502386.2011.600528

Denning, S. (2011). *Leader's Guide to Storytelling: Mastering the Art and Discipline of Business Narrative*. Jossey-Bass.

Devitt, A. J. (2004). *Writing genre*. Southern Illinois University.

Dijk, Van Teun, T. (1980). *Texto y contexto* (Trad. Antonio García Berrio). Cátedra.

Dowd, T., Niederman, M., Fry, M. y Steiff, J. (2013). *Storytelling across Worlds: Transmedia for Creatives and Producers*. Focal Press.

Durand, G. (1968). *La imaginación simbólica* (Trad. Marta Rojzman). Amorrortu.

Fabbri, P. (2009). *El giro semiótico* (Trad. Juan Vivanco). Gedisa.

Fagerjord, A. y Storsul, T. (2007). *Questioning Convergence*, en T. Storsul y D. Stuedahl (Eds.), *Ambivalence Towards Convergence. Digitalization and Media Change* (pp. 19-31). Nordicom.

Fast, K. y Jansson, A. (2019). *Transmedia Work. Privilege and Precariousness in Digital Modernity*. Routledge.

Fiske, J. (2010). *Television Culture*, (2.ª ed.). Routledge.

Fleming, L. (2013). *Expanding Learning Opportunities with Transmedia Practices: Inanimate Alice as an Exemplar, Journal of Media Literacy Education*, 5(2), 370-377. https://doi.org/10.23860/jmle-5-2-3

Fontanille, J. (2001). *Semiótica del discurso* (Trad. Óscar Quezada Macchiavello). Universidad de Lima.

Freeman, M. (2018). «New Paths in Transmediality as Vast Narratives» en P. Brembilla e I. De Pascalis (Eds.), *Reading Contemporary Serial Television Universes.* (pp. 11-26). Routledge.

Freeman, M. y Rampazzo, R. (2019). *Routledge Companion to Transmedia Studies*. Routledge.

Freeman, M. y Smith, N. A. (2023). *Transmedia / Genre. Rethinking Genre in a Multiplatform Culture*. Palgrave McMillan.

Frelik, P. (2024). «There Is No Such Thing as a Transmedia Text: Transmedia as Practice» en E. Finn, B. Beard, J. Eschrich y R. Wylie (Eds.), *Imagining Transmedia*. (pp. 73-9). MIT Press.

Frow, J. (2015). *Genre*. Taylor & Francis Group.

Frye, N. (1991). *Anatomía de la crítica* (Trad. Edison Simons, 2.ª ed.). Monte Ávila Editores.

Giffard, A. (2010). *Lecture numérique et culture écrite.* https://alaingiffard.blogs.com/culture/2010/02/lecture-num%C3%A9rique-et-culture-%C3%A9crite.html

Giovagnoli, M. (2011). *Transmedia Storytelling: Imagery, Shapes and Techniques*. ETC Press.

Gunkel, J. D. (2016). *Of Remixiology. Ethics and Aesthetics After Remix*. MIT Press.

Gürel, E. (2014). *New World Created by Social Media: Transmedia Storytelling, Journal of Media Critiques.* 1(1), 35-65. https://doi.org/10.17349/jmc114102

Hancox, D. (2021). *The Revolution in Transmedia Storytelling through Place.* Routledge.

Harrison, T. (2023). «The Two-Text Phenomenon: Thoughts on Adaptation and Transmediality with a Discussion of the Blues of Roberto Ciotti, a Film on Carlo Michelstaedter, and Other Case Studies» en C. Mimmo y F. L. Sambugaro (Eds.), *Adaptation as a Transmedial Process. Theories and Practices* (pp. 35-53). Sapienza Università Editrice.

Haugtvedt, E. (2022). *Transfictional Character and Transmedia Storyworlds in the British Nineteenth Century.* Palgrave McMillan Cham.

Hills, M. (2017). *From Fan Culture/Community to the Fan World: Possible Pathways and Ways of Having Done Fandom, Palabra Clave.* 20(4), 856-883. https://doi.org/10.5294/pacla.2017.20.4.2.

Hills, M. (2013). *Fiske's "textual productivity" and digital fandom: Web 2.0 democratization versus fan distinction?, Journal of Audience & Reception Studies.* 10(1), 130-153.

Hutcheon, L. y O'Flynn, S. (2013). *A Theory of Adaptation.* Routledge.

James, H. y Couldry, N. (2011). *Rethinking Convergence/Culture, Cultural Studies,* 25(4-5), 473-486. https://doi.org/10.1080/09502386.2011.600527

Jansson, A. y Fast, K. (2018). *Transmedia Identities. From Fan Cultures to Liquid Lives.* Routledge.

Javanshir, R., Carroll, B., Millard, D. (2020). *Structural patterns for transmedia storytelling*, Plos One. 15(1), e0225910. https://doi.org/10.1371/journal.pone.0225910.

Jenkins, H., Ford, S., Green, J. (2013). *Spreadable Media*. New York University Press.

Keltie, E. (2017). *The Culture Industry and Participatory Audiences*. Palgrave McMillan.

Kelty, C. (2020). *The Participant. A Century of Participation in Four Stories*. Chicago University Press.

Kinder, M., McPherson, T. (2021). *Transmedia Frictions: The Digital, the Arts, and the Humanities*. University of California Press.

Kunz, T. y Wilde, L. (2023). *Transmedia Character Studies*. Routledge.

Lähteenmäki, I. (2021). *Transmedia history, Re-thinking History*, 25(3), 281-306. https://doi.org/10.1080/13642529.2021.1963597.

Laurichesse, H. (2016). «Considering Transtexts As Brands» (Trad. Katherine Taylor) en W. L. Benjamin y M. Bourdaa (Eds.), *The Rise of Transtexts* (pp. 187-202). Routledge.

Leeuwen, Th. (2005). «Multimodality, genre and design» en R. H. Jones y S. Norris (Eds.), *Discourse in Action* (pp. 73-93). Routledge.

Lemke, J. (2013). «Transmedia Traversals: Marketing Meaning and Identity» en E. Montagna (Ed.), *Readings in Intersemiosis and Multimedia* (pp. 13-34). IBIS.

Lemke, J. L. (2001). *Towards a theory of traversals*. http://academic.brooklyn.cuny.edu/education/jlemke/papers/traversals/traversal-theory.htm

Lopez Szwydky, L. (2020). *Transmedia Adaptation in the Nineteenth Century*. The Ohio State University Press.

Lotman, Y. (1996). *Semiosfera I*. (Trad. Desiderio Navarro). Cátedra.

Lugmayr, A. y Dal Zotto, C. (2015). «Media Convergence is NOT King: The Tradition Phenomenon of Media «Convergence-Divergence-Coexistence» IS King» en A. Lugmayr, A. y C. Dal Zotto (Eds.), *Media Convergence Handbook, Vol. 1* (pp. 389-416). Springer.

Meeyerhofer-Parra, R., González-Martínez, J., Peraaula-Bosch, M. (2024). *Posdigital Storytelling: Storytelling (Within or Across) the Digital and Transmedia Field, Posdigital Science and Education*. 6, 886–901. https://doi.org/10.1007/s42438-024-00476-2

Mendes, A. C., Perrot, L. (2020). *David Bowie and Transmedia Stardom*. 1.ª ed. Routledge.

Meyer, C., Pietrzak-Franger, M. (2022). *Trans-media Practices in the Long Nineteenth Century*. Routledge.

Miller, C. R. (2016). *Genre Innovation: Evolution, Emergence, or Something Else?*, *The Journal of Media Innovations*. 3(2), 4-19. https://doi.org/10.5617/jmi.v3i2.2432.

Miller, C. (2023). «Genre Formation and Differentiation in New Media» en P. M. Rogers, D. R. Russell, P. Carlino, J. M. Marine (Eds.), *Writing as a Human Activity: Implications and Application of the Work of Charles Bazerman* (pp. 393-405). University Press of Colorado, The WAC Clearinghouse.

Mittermayer, Th. y Capanema, L. (2019). *Trans-fictionality and Transmedia Storytelling: A Conceptual Distinction*, en M. Kurosu (Ed.), *Human-Computer Interaction. Perspectives on Design. HCII*

2019. Lecture Notes in Computer Science, vol 11566 (pp. 550-558). Springer, Cham. https://doi.org/10.1007/978-3-030-22646-6_41.

Moloney, K. (2019). *Proposing a Practical Media Taxonomy for Complex Media Production, International Journal of Communication*, 13, 3545-3568. https://doi.org/1932–8036/20190005.

Müller, E. J. (2010). *Intermediality and Media Historiography in the Digital Era.* Trad. Miriam Sertner en *Acta Univ. Sapientiae, Film and Media Studies*, 2, 15-38.

Navas, E. (2012). *Remix Theory. The Aesthetics of Sampling.* Springer.

Pardo, P. J. (2018). «De la transescritura a la transmedialidad: poética de la ficción transmedial» en A. J. Gil González, P. J. Pardo (Eds.), *Adaptación 2. 0. Estudios comparados sobre intermedialidad* (pp. 41-92). Éditions Orbis Tertius.

Phillips, A. (2012). *A Creator's Guide to Transmedia Storytelling: How to Captivate and Engage Audiences across Multiple Platforms.* McGraw-Hill Education.

Pratten, R. (2011). *Getting Started in Transmedia Storytelling: A Practical Guide for Beginners.* (2.ª ed.). CreateSpace Independent Publishing Platform.

Rampazzo Gambarato, R., Andreevich Medvedev, S. (2017). «Transmedia Storytelling Impact on Government Policy Change» en Y. Ibrahim (Ed.), *Politics, Protest and Empowerment in Digital Spaces* (pp. 31-51). IGI Global.

Raybourn, E. M. (2012). «Beyond Serious Games: Transmedia for More Effective Training & Education» en B. Bruzzone, L. Sokolowski (Eds.), *Proceedings of DHSS: The International Defense and Homeland Security Simulation Workshop* (pp. 19-21).

Renó, D. y Flores, J. (2012). *Periodismo Transmedia. Reflexiones y Técnicas para el Ciberperiodista desde los Laboratorios de Medios Interactivos*. Fragua.

Richards, D. (2017). «Historizing Transtext and Transmedia» en W. L. Benjamin y M. Bourdaa (Eds.), *The Rise of Transtexts* (pp. 15-32). Routledge.

Ryan, M-L. (2013). *Transmedial Storytelling and Transfictionality*, *Poetics Today*. 34(3), 361–388. https://doi.org/10.1215/03335372-2325250.

Ryan, M-L. (2011). *Narratology and Cognitive Science: A Problematic Relation*, *Style*. 44(4), 469-495. https://www.jstor.org/stable/10.5325/style.44.4.469

Ryan, M-L. (2015). «Texts, Worlds, Stories: Narrative Worlds as Cognitive and Ontological Concept» en M. Hatavera, M. Hyvärinen, M. Mäkelä y F. Mäyrä (Eds.), *Narrative Theory, Literature, and New Media: Narrative Minds and Virtual Worlds* (pp. 13–28). Routledge.

Ryan, M-L. (2017). *The Aesthetics of Proliferation*, en M. Boni (Ed.), *World Building. Transmedia, Fans, Industries* (pp. 31-46). Amsterdam University Press.

Ryan, M-L. (2021). *Media, Genres, Facts and Truth: Revisiting Basic Categories of Narrative Diversification*, *Neohelicon*, 49, 75-88. https://doi.org/10.1007/s11059-021-00587-w

Saggini, F. y Soccio, A. E. (2018). *Transmedia Creatures*. Bucknell University Press.

Saint-Gelais, R. (2011). *Fictions transfuges. La transfictionnalité et ses enjeux*. Éditions du Seuil.

Scolari, C. (2015). «El translector. Lectura y narrativas transmedia en el nuevo ecosistema de la comunicación» en J. M.

Millan (Ed.), *La lectura en España* (pp. 175-186). Federación de los Gremios de Editores de España.

Scolari, C. (2018). *Alfabetismo transmedia en el nuevo ecosistema de los medios*. Horizon 2020.

Scolari, C. (Ed.). (2015). *Ecología de medios. Entorno, evoluciones e interpretaciones*. Gedisa.

Scolari, C., Bertetti, P., Freeman, M. (2014). «Introduction: Towards an Archaeology of Transmedia Storytelling» en C. Scolari, P. Bertetti y M. Freeman (Eds.), *Transmedia Archeology. Storytelling in the Borderlines of Science Fiction, Comics and Pulp Magazines*. (pp. 1-14). Palgrave.

Scolari, C. (2014). «Transmedia Storytelling: New Ways of Communicating in the Digital Age» en E. Marco y J. Celaya (Eds.), *AC/E Digital Culture Annual Report*. (pp. 118-141). Telefónica.

Sparviero, S. y Peil, C. (2017). «Media Convergence Meets Deconvergence» en S. Sparviero, C. Peil, G. Balbi (Eds.), *Global Transformations in Media and Communication Research*. (pp. 3-28). Palgrave.

Srivastava, (2009). *Transmedia Activism* citado en AcaFan. http://henryjenkins.org/2016/01/telling-storieslina-srivastava-talks-about-transmedia-activism-part-one.htm.

Stakelberg, P., Jones, R. (2014). *Tales of Our Tomorrows: Transmedia Storytelling and Communicating About the Future, Journal of Futures Studies*. 18(3), 57-76.

Thön, J-N. (2016). *Transmedial Narratology and Contemporary Media Culture*. University of Nebraska.

Thön, J-N. (2022). *Transmedia Characters/Transmedia Figures: Drawing Distinctions and Staging Re-Entries, Narrative*. 30(2), 139-151. https://doi.org/10.1353/nar.2022.0007

Thön, J-N. (2019). *Transmedia Characters: Theory and Analysis, Frontiers of Narrative Studies*. 5(2), 176-199. https://doi.org/10.1515/fns-2019-0012.

Voigts, E. (2022). «Literary Events and Real Policies. The Transmedia Cases of Walter Besant's All Sorts and Conditions of Men (1882) and George Chesney's The Battle of Dorking (1871)» en C. Meyer, M. Pietrzak-Franger (Eds.), *Transmedia Practices in the Long Nineteenth Century*. (pp. 25-32). Routledge. https://doi.org/10.4324/9781003222941-3.

III

Modelos de lectura
de entornos transmedia

Carlos Scolari escribió que hay muchas semióticas específicas: la semiótica de la radio, de la televisión, del cine, del teatro, pero no hay una semiótica de experiencias transmedia (2014, p. 7). En la demanda de una semiótica particular para la narrativa transmedia, se pasa por alto que esta resulta de la convergencia/ divergencia de diferentes formas textuales, para las cuales ya existe una semiótica. Si la necesidad que plantea Scolari es que exista una metasemiótica que vincule a las semióticas particulares, esto es algo que ya existe y forma parte de una larga tradición en la lingüística textual y la semiótica. Se buscan parámetros aplicables a toda clase de textos con el fin de encontrar una tipología y una forma única de abordarlos. En este sentido, hay modelos, por mencionar algunos, como TeSTWeST de Sandor Petöfi (1978), el modelo de estructura textual de Teun van Dijk (1977), la gramática sistémico-funcional de Halliday-Hasan (1976), la teoría del texto de Siegfried Schmidt (1977), la teoría de Nelson Goodman basada en la teoría musical (1976), y una larga lista de semióticos, entre ellos Lotman (1990), Eco (1976), Fabbri (1998), Landowski (2001). Todos ellos elaboran sus propuestas con un enfoque puramente teórico y pretenden abarcar la mayor cantidad de formas textuales.

Ahora bien, si la narración transmedia (NT) es un conjunto de diferentes textos, no se requiere un modelo que dé cuenta de las innumerables diferencias entre sus componentes, sino uno que, siguiendo el argumento de Massumi (2000), se centre en su similitud. En otras palabras, no es la diferencia lo que los une, sino la semejanza. Por lo tanto, se necesita un modelo que pueda aplicarse a la variedad de textos que conforman la narrativa transmedia. Los modelos mencionados arriba son densos teóricamente, por lo que se requiere adaptarlos a una población universitaria, dado el objetivo de este artículo. Sin embargo, esto excede el límite de tiempo para esta disquisición, por lo que lo dejaré a manera de hilo para futuras investigaciones. El problema sigue ahí: ¿cómo leer una narración transmedia, sea de ficción o no ficción? ¿Qué guía o modelo de lectura puede ayudar a los estudiantes universitarios interesados en las NT a analizar estos entornos? ¿Esta guía podrá ayudar al lector universitario a convertirse en un translector? ¿A observar y explicar el movimiento de significado textual del entorno transmedia? Existen investigaciones que se plantean la necesidad de un modelo que se aplique de manera transversal a diferentes textos (Masgrau-Juanola *et al.*, 2024; Freire, 2020; Salado, 2019; Coiro, 2020; Hollebeek *et al.*, 2020; Baron, 2021; Leander, 2020).

La premisa es que la guía adecuada para la lectura de las narraciones transmedia podrá dar cuenta del movimiento de significado entre los espacios textuales, ayudando a que el lector se convierta en un translector, es decir, que pueda crear significado del entorno a partir de la pluralidad textual, generando un hilo conductor. Esto se realiza por las partes integrantes de la NT, como interviene la música, o la forma participativa de la NT, pero no todas en conjunto. Por «entorno» se entiende no solo los artefactos que forman la NT, sino también el interjuego con las plataformas, la audiencia, la experiencia y las relaciones coyunturales extratextuales, como las políticas de derechos de autor, las influencias intelectuales, las económicas, entre otras. Las NT son una estructura no predeterminada que puede ser de ficción o no ficción.

El objetivo es realizar un análisis comparativo entre guías de lectura para evaluar cuál es la idónea para leer entornos transmedia. El propósito no es encontrar las causas que originaron las guías de lectura, sino evaluar los aspectos que cubren de la NT y qué factores determinan su aplicabilidad.

En este sentido, la metodología aplicada fue la comparativa propuesta por Charles Ragin (2007) en su enfoque cualitativo. Las etapas fueron: selección de casos, uso de marcos analíticos, empleo del método comparativo, especificación de condiciones y resultados. Cada una de estas etapas constituye el curso de este texto. La razón de emplear la comparación es que, antes de realizar la valoración, se requiere comprender los objetos de análisis en sus similitudes y diferencias respecto a la NT, para identificar los elementos que cada guía cubre de esta. La finalidad de comparar las guías es, en palabras de Esser y Vliegenthart (2017), resaltar aquellas características que deben ser evaluadas en amplitud (p. 249) y encontrar la significancia en ellas para contribuir a la relativización de las guías y su aplicación.

Las guías de lectura

Las siguientes líneas dan cuenta de la selección de casos u objetos de análisis y su descripción.

La selección de casos se realizó con base en los siguientes criterios: poseer un sustento teórico, tener un enfoque centrado en la práctica, estar dirigido a un público estudiantil/universitario, carecer de tecnicismos y ser didáctico (explicar y aplicar sus componentes). Se encontraron cuatro propuestas: Daniel Chandler (1997), Lars Elleström (2021), Bill Cope y Mary Kalantazis (2020), y Renira Gambarato (2020).

Es necesario sentar los rasgos y componentes de cada guía; de no hacerlo, el análisis y la valoración partirían de un desconocimiento para el lector. Si el lector está familiarizado con las propuestas de estos autores, será mejor saltar a la siguiente sección.

El enfoque comunicativo de Lars Elleström

En este apartado realizaré una síntesis de lo escrito por Lars Elleström (2010, 2018, 2021) sobre su modelo, como lo califica (2021, p. 8), de lectura. El objetivo que el autor tiene es realizar *a systematic development of concepts that are applicable to all media types* (p. 7), y que evidencie los aspectos interrelacionados de los medios, ya que comunican cosas similares (pp. 7, 8). Elleström basa el diseño de su propuesta en el modelo comunicativo centrado en el producto de medios o mediático (aquí entendido como texto). El modelo posee tres elementos: algo que es transferido, dos lugares donde ocurre la transferencia y un estado intermedio que hace posible la transferencia.

Los dos lugares de transferencia los he nombrado «Horizonte», con el que agrupo los elementos identificados por Elleström: productor y preceptor. El sustantivo «horizonte» lo retomo de Jauss, ya que implica un panorama de experiencias que configuran las expectativas y la recepción de algo que se transfiere. El producto mediático es resultado de la transferencia cognitiva realizada por un productor y percibido por un perceptor (lector). Toda transferencia implica una transformación de significado, porque el pensamiento del productor se transforma al ser materializado en el producto por innumerables factores.

El productor realiza una transferencia cognitiva desde su esfera extracomunicacional, compuesta por vivencias, experiencias, cultura, etc., a un producto mediático en el que mantiene una relación intracomunicacional, que es el acto comunicativo, con el perceptor. La relación intracomunicacional puede ser sincrónica/asincrónica, intencional/no intencional. Es decir, que el productor intencionalmente le ha comunicado algo a una persona específica o a un público específico, o a alguien que simplemente le llamó la atención algo de ese producto. El perceptor rehace la transferencia intracomunicacional gracias a su esfera extracomunicacional y la comprende desde esta. La transferencia del asunto o sentido cognitivo se genera por la imbricación que hay entre las esferas extra e intracomunicacionales.

Lo que es transferido, Elleström lo llama «producto mediático» y es todo aquello que entra en la esfera de percepción de la persona o perceptor. El producto mediático posee tres componentes: el básico, competente y su relación con otros productos.

El medio básico se llama así porque son rasgos básicos de modalidades. Este se integra por cuatro modalidades: material, sensorial, espaciotemporal y semiótica. La modalidad material es: la interfaz corpórea del medio (plasma de dispositivo), el medio técnico es lo que materializa el contenido (teclas, cuadro de texto), y el medio técnico de visualización es el material empleado para manifestar el producto (pantalla).

La modalidad sensorial es todo aquello percibido por medio de las facultades sensoriales: vista, oído, tacto, olfato. Para leer un mensaje de texto se emplea la vista y el tacto al sostener un teléfono celular. Si en el mensaje se dice «de visita en la granja, huele a vaca», el preceptor recrea en su memoria el olor que asocia a vaca y granja, y así aplica la modalidad del olfato, por la estimulación del contenido del producto.

La modalidad espaciotemporal cubre las experiencias del tiempo y espacio. El producto de medio ocupa un lugar y un espacio, y también su contenido manifiesta lo espaciotemporal; a esta dimensión se le llama virtual.

La modalidad semiótica se basa en las funciones de signos de Pierce, con la reserva de que hasta que perceptor le adjudique un significado al producto mediático, hasta ese momento es que hay un signo. El acto de interpretación comienza en el acto de percepción (2010, p. 21). Según Pierce, el índice se basa en la contigüidad, el ícono en la similitud y el símbolo en la convención.

El segundo componente del producto mediático es el medio competente, que toma su nombre porque se relaciona con la manera en que se produce y se evalúan los productos. El medio competente tiene el aspecto de lo contextual, que involucra prácticas determinadas en la historia y en la geografía. El sistema textual debe ser visto como una institución cultural y social (2021, p. 60). El componente operacional es la expectativa que se tiene del producto según el género que este adopte.

El tercer componente del producto mediático es la relación que tiene con otros, que puede ser heteromedial o transmedial.

Lo heteromedial es cuando las características de otros medios están integradas en el producto, ya sea que amalgamen, combinen o integren propiedades materiales para activar capacidades mentales. Es sincrónica porque se logran apreciar (2021, pp. 76-78). La transmedialidad se refiere a la transferencia de modos o características equivalentes sensoriales que se representan en objetos similares (2018, p. 53) y pueden ser de tres tipos: la traducción dentro del mismo medio, que se conoce técnicamente como intramedialidad, por ejemplo, emplear un personaje de ficción de una novela de otro autor en un cuento creado por ti. El segundo tipo de transferencia es el que usa elementos de otros medios, verbigracia, un filme de Almodóvar aparece una pintura de Rembrandt, a esto se le llama transmediación. Elleström identifica 4 tipos de transformaciones, dos a nivel de representación y dos a nivel de rasgos básicos (2014):

1. Transmediación simple de medios básicos. El producto de medio destino presenta configuraciones sensoriales equivalentes del producto fuente que desatan representaciones similares. Por ejemplo, cuando una manzana jugosa en el referente del lector está representada en el cine, en una pintura, etc.

2. Transmediación simple de medios compuestos. El segundo medio presenta configuraciones sensoriales comparables del producto fuente. Por ejemplo, el drama de una persona caída en tragedia mantendrá un esquema/fórmula narrativa o se parecerá a lo que las personas viven en la vida real.

3. Transmediación compleja de medios básicos. Representación similar de los rasgos de un medio, o invenciones de medios; por ejemplo, cuando un cuento emplea los rasgos estructurales de la música, o cuando un ensayo inventa sus propias referencias.

4. Transmediación compleja de productos mediáticos. Es un proceso de cambio que deja intacto un núcleo de características vitales. El producto segundo es nuevo, pero se basa en rasgos del producto 1.

La Figura 1 es una guía de trabajo; se encuentran las categorías de análisis con una definición sucinta, sus componentes, elementos y una breve descripción del mismo.

Figura 1
Guía lectora de Elleström

Categorías	Componentes	Elementos	Descripción
Horizonte Dos lugares de transferencia	Mente del productor(es)		Actos de percepción e interpretación que emergen en el producto
	Mente del perceptor(es)		Se convierte en productor. Productor y perceptor pueden ser la misma persona, como en el monólogo
Algo que se transfiere que desata respuesta mental	Sentido cognitivo (estructuras de significado e ideas) Configuraciones mentales input-output	Extracomuni-cacional	Familiar, experiencias, creencias, valores, expectativas, preferencias, (pre) concepciones
		Intracomuni-cacional	Lo percibido, la introspección, exteroceptores, interoceptores, proprioceptores

Categorías	Componentes	Elementos	Descripción
Producto mediático (estado intermedio que hace posible la transferencia) Medio técnico y herramienta técnica de producción Medio técnico de visualización de configuraciones sensoriales	Básicos	Modalidad material	Corporalidad Materialidad Materialidad no demarcada
		Modalidad sensorial	Ver, sentir, escuchar, probar, oler Datos de sentido (causa sensaciones intersubjetivas), receptores (células que estimulan los impulsos nerviosos que son transferidos al sistema); sensación de efecto de la estimulación
		Modalidad espaciotemporal	Espacio manifestado en interfaz, espacio cognitivo, espacio virtual, tiempo percibido, tiempo virtual
		Modalidad semiótica Representación	contigüidad y causa (índice), parecido (icónico), convención (símbolos, hábitos)

Categorías	Componentes	Elementos	Descripción
Producto mediático (estado intermedio que hace posible la transferencia) Medio técnico y herramienta técnica de producción Medio técnico de visualización de configuraciones sensoriales	Competentes	Contextual	Origen, limitación y uso de medios en circunstancia específica historia y geografía
		Operacional	Género, clasificación, formas de representación preestablecidas
	Relación	Heteromedial (sincronía)	Integración de medios, multimodalidad
		Transmedialidad (diacronía) intramedialidad intermedialidad	Transformación de medios: a. traducción dentro del mismo medio b. transmediación y representación de un medio en otro c. tipos de transformación

Elaboración propia

El enfoque semiótico de Daniel Chandler

La propuesta de Daniel Chandler surgió de la preparación de un curso de Educación de los Medios en la Universidad de Gales, Aberystwyth. La guía que elaboró el autor, llamada «DIY del análisis semiótico», posee una serie de preguntas para facilitar a los estudiantes su lectura (Figura 2). Chandler buscó que aquel que no «pertenezca al club» pueda realizar un análisis semiótico de manera sencilla y que pueda ser aplicable a diferentes manifestaciones textuales (1997, p. 133).

Chandler establece siete apartados de análisis: la identificación del signo, el eje paradigmático, el eje sintagmático, la intertextualidad, las figuras retóricas, la dimensión social y los beneficios del análisis. El enfoque de este autor es netamente semiótico y, por lo tanto, se nutre de diferentes tradiciones, lo que se aprecia en el contraste de los tres primeros apartados. Mientras que en el primer apartado domina la perspectiva de Pierce, en el segundo y tercero predomina la de Saussure, que se renueva con aportes de otros teóricos. La coexistencia de diferentes puntos de vista no pone en contradicción la coherencia de su análisis, sino que los hace convivir con el objetivo de abarcar las diferentes aristas del texto.

En la identificación del signo, Chandler retoma las propuestas centrales de cuatro autores. El primero es Saussure, de quien se sirve para introducir el término de signo compuesto por significado y significante. El segundo es Pierce, de quien presenta la tríada formada por el signo, que es la forma que toma un significado; el interpretante, que le da sentido al signo; y el objeto, al cual se refiere el signo. Así, el sentido del signo surge de la interpretación. Siguiendo con Pierce, las relaciones entre los signos y sus referentes pueden ser: simbólico, icónico e índice. Existe una semiosis ilimitada debido a las potencialidades de interpretación sucesiva que hacemos todos los días. El tercer teórico es Eco, cuya propuesta clasificatoria Chandler emplea para mostrar las relaciones que se manifiestan entre ellos y los géneros. El cuarto teórico es Jakobson, de quien retoma las funciones de la lengua. También se habla de modalidad en cuanto a los marcadores de referencia de rasgos formales y características de contenido, si algo es plausible u objetable, familiar o no conocido, entre otros. El segundo apartado, el paradigmático, se concentra en la identificación de oposiciones binarias que explican la dinámica del texto y las posibilidades que pudieron haber tenido si el significado hubiera tenido otros significantes, es decir, cómo la posibilidad cambiaría el sentido original del texto. El uso de un paradigma condiciona el significado preferido de un texto; el medio empleado para representar el texto también se considera un paradigma, ya que de él derivan significados (p. 42). En este sentido, Chandler enfatiza la necesidad de estudiar los patrones más que las relaciones entre los sintagmas de un texto. Se trata de identificar si hay paradigmas temáticos en oposiciones binarias, tal como lo propuso en su momento Greimas. Quisiera agregar la semántica tensiva (ver Landowski, 2016; Fontanille, 2018), que también aporta al campo de las unidades que están relacionadas; existe tensión en tanto su relación se opone a las otras relaciones potenciales que dejaron de existir y porque cada unidad posee una tensión. Las oposiciones binarias mantienen una fuerza tensiva entre los significantes y, por medio de ellos, se puede dibujar el entramado del texto. En la guía, se invita a encontrar la oposición central del texto, identificar los paradigmas ausentes, la incidencia del género y el texto, el encausamiento de los significados, los pares de oponentes comprendidos, y la prueba de conmutación.

El tercer apartado, el sintagmático, se centra en el estudio de la estructura del texto y la relación entre sus partes (p. 45).

Todo texto posee una narrativa, que es una fórmula de secuencia: proposición, evidencia y justificación. Ya que las narrativas son formulaicas, se reduce lo plural a lo singular y lo inusual a patrones familiares que regulan la expectación. Chandler retoma la narrativa en el cine, la imagen y las series de TV, explicando las categorías que se pueden considerar en un análisis sintagmático. En la guía, este apartado invita a identificar las estructuras en el texto, la relación con los significantes, la significación del arreglo secuencial o espacial, los aspectos típicos que han formado al texto y cómo ayuda a identificar el sintagma en su comprensión.

En el cuarto apartado, la intertextualidad, se aborda, además de esta, los códigos y los modos de dirección. Chandler emplea el término intertextual porque es el más conocido; en el desarrollo del capítulo, prefiere el término de transtextualidad de Genette, porque incluye la intertextualidad (citas, plagio, alusiones, etc.), la paratextualidad (lo que rodea al texto), la architextualidad (género), metatextualidad (comentarios críticos) e hipotextualidad (relación con el texto que lo antecede). A esta lista agrega la hipertextualidad, que son alusiones que se hacen a otros textos e hipervínculos. El código es un sistema que agrupa signos en el que adquieren sentido. Existen los códigos sociales, textuales e interpretativos. Los modos de dirección hacen referencia a la manera en la que están construidos los sujetos y las relaciones entre ellos, sobre los que influye el contexto del texto, social y las restricciones tecnológicas. En la guía, la intertextualidad abarca las alusiones que hace el texto, la relación que esto implica con el lector, los valores culturales, el tipo de lectura, los modos de dirección, los códigos empleados, cuál es la lectura preferida, el tipo de interpretación, entre otros.

En el quinto apartado, Chandler aborda dos figuras retóricas: la metáfora y la metonimia, de manera muy general. Se asocia la metáfora con la expresión no familiar desde el punto de vista familiar. Las metáforas en el cine son cuando hay dos tomas consecutivas en las que la segunda funciona en un mundo comparativo. La metonimia es la categoría general relacionada con un detalle. En la guía de lectura se sugiere identificar metáfora y metonimia. He agregado que se establezca la relación de ellas con el par de oposiciones y que se señale qué red de sentido crean entre ellas.

El sexto apartado se refiere a la dimensión social, en tanto que se identifican los grupos representados en el texto, quién podría ser el lector modelo del texto, cuáles podrían ser las lecturas dominantes, negociadas y oposicionales del texto, y cómo podría un cambio de contexto influir en la interpretación.

El séptimo apartado trata de mantener un balance entre la lectura realizada y otras lecturas hechas, los hallazgos más importantes y los beneficios de aplicar la guía. Es, en pocas palabras, una autoevaluación de desempeño.

Figura 2
DIY del análisis semiótico

Identificando al signo

- Hasta donde sea posible, incluya una copia del signo con su análisis del mismo, anotando cualquiera de los defectos significativos de la copia. Si no es practico incluir una copia, ofrezca una descripción clara del signo, la misma que debería permitir a quien sea un reconocimiento fácil de este, si es que ellos mismos se encontrarían con el signo.
- Brevemente describa el medio usado, al género al cual el signo pertenece y al contexto en que fue encontrado.
- Considere sus propósitos al analizar al texto. Esto le llevará a determinar cuáles preguntas de las que aparecen a continuación serán importantes para usted.
- ¿Por qué escogió a este texto?
- Sus propósitos pueden reflejar a sus valores, ¿cómo se relaciona el texto con sus propios valores?
- ¿Cómo se relaciona el signo-vehículo que está examinando a la distinción del género-síntoma?
- ¿Es uno entre muchas copias o es virtualmente único?
- ¿Cómo influye esto a su interpretación?
- ¿Cuáles son los significantes importantes y qué es lo que significan?
- ¿Cuál es el sistema dentro del cual estos signos tienen sentido?
- ¿Qué afirmaciones de la realidad están hechas por el texto?
- ¿Qué referencias se hacen a la realidad cotidiana?
- ¿El texto opera dentro de un código representacional realista?
- ¿Alude a ser hecho o ficción?

El análisis paradigmático

- ¿A qué clase de paradigmas (medios, géneros, temas) pertenece el texto entero?
- ¿Cómo podría un cambio de medio afectar a los significados generados?
- ¿Cómo pudo haber sido el texto si este hubiese formado parte de un género diferente?
- ¿Por qué cree usted que se escogió a cada paradigma entre sus alternativas posibles? ¿Qué valores connotan la elección de cada paradigma en particular?
- ¿Cuáles paradigmas están ausentes notablemente?
- ¿Qué pares de oponentes parecen estar comprendidos?
- ¿Cuál de los dos en cada sistema de pareamiento parece ser la categoría «marcada»?
- ¿Hay alguna oposición central en el texto?
- Aplique la «prueba de conmutación» a fin de identificar los paradigmas distintos y de definir su importancia. Esto involucra una sustitución imaginaria de un paradigma con otro de su creación y evaluar el efecto.

El análisis sintagmático

- Identifique y describa a las estructuras sintagmáticas en el texto que toman formas, tales como la narrativa, el argumento o el montaje.
- ¿Cómo se relaciona un significante a los otros utilizados (algunos cargan con más peso que otros)?
- ¿Cómo influye en la significación el arreglo secuencial o espacial de los elementos?

- ¿Hay aspectos típicos que han formado al texto?
- Si está comparando a varios textos de la misma «serie», busque un sintagma compartido.
- ¿Hasta qué punto el identificar a los paradigmas y a los sintagmas, ayudan a la comprensión del texto?

Metáforas y las metonimias

- ¿Qué metáforas y metonimias están comprendidas?
- ¿Cómo se emplean estas para influenciar a la lectura preferida?

★ Establecer la relación de metáforas y metonimias con el par de oposiciones.
★ Señalar qué red de sentido crean entre ellas.

La intertextualidad

- ¿Esta alude a otros géneros?
- ¿Esta alude a o se compara con otros textos dentro del género?
- ¿Cómo se compara con los tratamientos de temas similares dentro de otros géneros?
- ¿Hay algún código dentro del texto (como un enfoque lingüístico a un anuncio o una fotografía periodística) que sirve para anclar a otro (como una imagen)? Si es así, ¿cómo?
- ¿Qué códigos semióticos se usan?
- ¿los códigos tienen articulación doble, simple o ninguna?
- ¿Son códigos analógicos o digitales?

- ¿Cuáles convenciones de su género son las más obvias en el texto?
- ¿Cuáles códigos son específicos al medio?
- ¿Cuáles códigos se comparten con otros medios?
- ¿Cómo se relacionan los códigos comprendidos los unos con los otros (palabras-imágenes, etc.)?
- ¿Son códigos de emisión amplia o corta?
- ¿Cuáles son los códigos que están notablemente ausentes?
- ¿Qué relaciones el texto busca establecer con sus lectores?
- ¿Qué tan directo es el modo de dirección y cuál es la significancia de esto?
- ¿Cómo más se podría describir al modo de dirección?
- ¿Qué suposiciones culturales se utilizan?
- ¿A quiénes les parecerían más familiares estos códigos?
- ¿Cuál parece ser la lectura preferida?
- ¿Hasta qué punto esto refleja, o se aparta de, los valores culturales dominantes?
- ¿Cuán abierto a la interpretación parece estar el signo?

La semiótica social

- ¿Qué es lo que un análisis puramente estructural del texto minimiza o ignora?
- ¿Quién creó al signo? Trate de considerar a todos los involucrados en el proceso.
- ¿De quiénes son las realidades que representa?
- ¿Para quién estaba dirigido? Busque con cuidado las pistas y trate de ser tan detallado como sea posible.

- ¿Cómo difiere la gente en sus interpretaciones con respecto a los signos? Es obvio que esto necesita de investigación directa.
- ¿Sobre qué parecen depender sus interpretaciones?
- Ilustre, donde sea posible, las lecturas dominantes, las negociadas y las oposicionales.
- ¿Cómo podría un cambio de contexto influenciar a la interpretación?

Los beneficios del análisis semiótico

- ¿Qué otras contribuciones han hecho los semióticos que se puedan aplicar, de manera productiva, al texto?
- ¿Qué hallazgos ha producido el análisis semiótico de este texto?
- ¿Qué otras estrategias podrían necesitar emplear para balancear las deficiencias de su análisis?

Tomado de Chandler, 1997, pp. 133-138.

El enfoque funcional de Cope-Kalantzis

La tercera guía de lectura se centra en la propuesta de Bill Cope y Mary Kalantzis (1996, 2016, 2020a; 2020b). La siguiente explicación parte de su publicación en 2020 y se hace mención a las otras en paréntesis. Estos investigadores han desarrollado durante más de veinte años su propuesta, y puede apreciarse en el artículo de 1996 los esbozos que, a lo largo del tiempo, se convertirían en dos volúmenes nutridos publicados en 2020 sobre las multimodalidades, el diseño y la creación de significado. La propuesta de la gramática transposicional es el centro, el núcleo, que ha atravesado toda su investigación y que articulan retomando y ampliando trabajos previos. En el libro *Literacies* (2016), la gramática transposicional estaba en su etapa embrionaria bajo el concepto de sinestesia, retomado de Günter Kress, que es el acto de expresar con otra modalidad la misma idea. Por ejemplo, una persona está hablando por teléfono, pero también está usando gestos, se desplaza en el espacio, modula su voz; el ser humano nunca se comunica empleando una sola modalidad. Mientras se crea significado, este cambia, porque la persona se apoya en diferentes modalidades para expresarlo.

La gramática transposicional se refiere a un patrón que crea sentido por medio de recursos disponibles a lo largo de los cuales el significado se mueve de una forma a otra. La gramática transposicional (Figura 3) se centra en que podemos decir lo mismo de diferentes formas. Entre los objetivos que se plantean está ofrecer una gramática «que funcione a través de todas las formas de significado» (2020a, pp. 1-6). De ahí que Cope y Kalantzis se refieran a texto o productos mediáticos, sino solo de significado.

Cope y Kalantzis están en deuda con la gramática funcional de Halliday y las multimodalidades de Kress. Así, establecen dos ejes: forma y función. La forma se refiere a las modalidades de presentación del significado: texto, imagen, espacio, objeto, cuerpo, sonido y oralidad. La función adapta los metalenguajes de Halliday: referencia, agencia, estructura, contexto e interés. El eje función es el vertical y el de forma, el horizontal, por lo que la propuesta desarrolla cada una de estas modalidades en las diferentes funciones y subfunciones. Ya que el significado indefectiblemente cambia de función, la gramática transposicional se propone trazar un patrón, dar cuenta del proceso de transposiciones, que explique cómo las formas trabajan juntas para transmitir los mismos significados.

Cope y Kalantzis emplean la narrativa como método de análisis, ya que, por sus características de cruzar el tiempo-espacio y establecer conexiones por asociación, atribuyen coherencia al significado. La narrativa es movimiento, por lo que puede captar y comprender mejor el flujo de las transposiciones y sus niveles de transformación a lo largo de las formas y funciones de significado. Aun cuando no lo refieran esta línea de pensamiento, se adhiere a la corriente de la narratología.

Expliquemos ahora las funciones y las formas correspondientes a cada una de ellas. La referencia abarca la función de qué se trata, la cual puede ser planteada de manera aislada, multimodal o en combinación si el texto o acto comunicativo así lo manifiesta. La referencia se compone de: la especificación, las circunstancias y las propiedades. Sobre la especificación, se refiere a la entidad particular que realiza una acción; la ausencia es todo aquello que está suprimido o dejado fuera; y el concepto es la pluralidad de la representación de la entidad, si esta está metonímicamente por una población o no. La circunstancia es el dónde de las entidades y las acciones. También se consideran las transformaciones de verbos a nombres y viceversa si el habla está orientada a una acción o a los sujetos. Las propiedades, el cómo son las entidades, son cualidades ya sean adjetivas o de acciones (adverbiales) que permiten identificar las entidades y definir conceptos.

La agencia responde a quién lo hace o qué es lo que hace esto. Se compone de: evento, rol y condicionalidad. El evento es un conjunto de acciones que se distinguen por su predicación y transactividad. La predicación da preferencia al sujeto que realiza acciones, es lo dado y lo nuevo. La transactividad es la relación entre los cuerpos, objetos y el espacio que muestran un tipo especial de agencia.

El rol cambia según si realiza la acción o se someta a ella, el rol cambia el yo se puede trasponer a un ustedes o a un tú y viceversa. La condicionalidad es o son agentes que actúan para que una posibilidad se pueda convertir en una afirmación, está en una imposición o en engaño y las mutaciones entre ellos.

La estructura es cómo es coherente el significado, y explora los patrones que mantienen unido al significado. Se compone de la ontología, el diseño, las relaciones y la metaontología. La ontología es el significado en sí, las coherencias complejas de experiencias sensoriales del mundo y la materialidad del diseño que compone su estructura material. El diseño es el proceso de conectar lo material con el significado, por un lado, moldea algo como la acción de diseñar; y por otro, apunta a un proceso (1996, p.). Se diseña con base a recursos de diseño, materiales, convenciones y las mismas ideas que están allí para expresar los significados. Las relaciones son las conexiones que mantienen unido al significado, como, por ejemplo, una jirafa se mantendrá unida a los árboles y la pradera, mientras las alejará de otro tipo de relaciones.

Figura 3
Concentrado de propuesta de gramática transposicional

Ejes / componentes	componentes	subcomponentes	texto	imagen	espacio	objeto	cuerpo	sonido	oralidad
REFERENCIA	Especificación	Ausencia	elipsis, no marcado	espacios blancos	lugares vacíos	algo faltante	no presencia	silencio	no mencionado
		Particularidad	sujeto singular, código numérico	imagen de algo	algo en espacio particular	objeto presente	presencia corporal	sonido distinguido	acto de habla
	Circunstancia	Concepto	sujeto plural	metonimia	tipo de espacio	tipo de objeto	generalidades	sonido simbólico	manera de hablar
		Entidad	sustantivo	puntos, volumen	espacios	en descanso	apariencia	sonido de estado	nombrar, describir
		Acción	verbos, adverbios	vectores	flujo	en uso	gesticular, actuar	sonido de actividad	acto de habla
		Cualidad	adjetivos, adverbios	formas visibles: color, línea, direccionalidad	formas materiales, extensión	forma, masa, composición, textura	sensaciones: cálido, frío, placer, dolor	volumen, tempo, timbre, paso	énfasis fónico dirigido a describir palabras y frases
	Propiedades	Cantidad	números, variables, matemáticas, símbolos	proporciones	distancias	dimensiones, volumen, peso, química, física	temperatura, sensaciones cuantificables	notación musical, grabación de sonido	pluralidad bruta, pocos, muchos, número pronunciable
AGENCIA	Evento	Predicación	tema/rema, dado/nuevo	campo/figura	programa espacial	presencia/uso, solidaridad	actor/acción;	ruido sin/con sentido	prosodia escena-nueva
		Transactividad	transitividad, caso, voz	patrones visibles de interacción	apertura/barreras	afectando/afectados	acciones/efectos	sonido/respuesta	marca de transactividad
	Rol	Primeras personas	yo, nosotros	perspectiva "yo"	me muevo	percibo	hago y veo gestos	escucho	hablo en 1ª persona
		2ª y 3ª personas	tú, 3ª personas	mirada de otro	moverte/se	sentirte/lo	gesticulación	escucharte	2ª y 3ª persona
		Objeto presente		ver una cosa	ver cosas	cosa existente	gesto a inanimado	notar sonido	3ª persona
	Condicionalidad	Afirmaciones	Indicativo	presentación	presencia	existencia	presencia	sonido presencia	lo que se habla
		Requerimiento	imperativo	inferencias	direcciones	uso de objeto	gestos dirigidos	alertas	ordenes, espera
		Posibilidad	subjuntivo	inferencial sobre potenciales	apertura a movimiento	usabilidad de objeto	potencial incorporar acción	anticipaciones	entonación
ESTRUCTURA	Ontología	Estructura material	sintaxis, léxis, páginas, pantalla	matriz y elementos	Arquitectónicos, gráficos y flujos	vínculos significativos	apariencia	patrones de sonido	pragmático
		Estructura ideal	nombrar, razonar	ver	espacio y orientación	tangibilidad y usabilidad	personalidad	lo escuchable	lo que se habla
	Diseño	Diseños disponibles	texto, código matemático	imágenes	construcción y geografías	cosas existentes	Ver/experimentar en cuerpos	sonidos escuchados	plática escuchada
		Diseñar	escribir	hacer imágenes	construyendo	hacer cosas	incorporando	hacer sonido	hablar
		Rediseño	nueva escritura	nuevas imágenes	nueva construcción	nuevas cosas	nuevos incorporamientos	nuevos sonidos	nueva plática
	Relación		proposiciones, caso, negación	espacio, orientación	contigüidad, acercamiento	forma, propiedades	movimiento	cadencia, disonancia	Prosodia
CONTEXTO	Materialización	Parecido	onomatopeyas	realismo	similaridad	resemblanza	mímica	imitación	imitación
		Apunta a...	deícticos, pronombres	dirección visual	flujo directo	uso determinado	apuntar	de dirección	de dirección
	Participación	Abstracción	nombres, verbos	abstracto	convención	simbólico	convencional	convencional	convencional
		Representación	figurar	visualización	proyectar	proyectar objeto	proyectar acción	anticipar sonido	discurso interno
		Comunicación	escribir para otros	crear imagen	crear espacio	crear objetos	incorporar	hacer sonido	discurso audible
		Interpretación	leer	ver		sentir, usar	observar	escuchar sonidos	escuchar
	Posición	Momento	el entonces	momento	un punto	cambio	instante	pitch, volumen	el ahora
		Duración	el mientras	la duración	a lo largo	continuidad	sentir y vivir	tiempo	el durante
	Medio	Forma	fonemas, grafemas	2 dimensiones	barreras, flujo	3 dimensiones	actuación	ruido, música	voz
		Medio	escritura, tipografía	boceto, pintura	panorama	cosas físicas	cuerpo, ropa	audibles	conversación
	Asociación	Endofórica	conexión interior	dentro del marco	dentro	potencialidades	sensorial	estructura de sonido	patrón fónico
		Exofórica	conexión externa	posición del marco	fuera	usabilidad	contexto co-crea significado	forma por contexto	predilecciones
		Serialidad	órden, índices	contigüidad	circunstancial	yuxtaposición	caminantes...	playlist	conversación casual
		Escalada	citación expandida	imagen dentro de imagen	cuarto/edit/mnz/col	curación, display de tiendas	clases sociales, deportivas	piezas musicales	temas de discusión
		Causalidad expresiva				género según contexto sociocultural	carga histórica y cultural	géneros musicales	tipos de habla
	Género		narrar, argumento, información	realismo, abstracto	tipo de construcción	tipos de objetos	tipos de cuerpo, apariencia	artificial/natural	Conversación
INTERÉS	Retórica	Cerrada	informar, explicar, argumentar	realista	flujo estricto	uso restringido	apuntar, dirigir	alertas	contar
		Abierta	narrar, retroalimentación	abstracto	flujo alternativo	diversidad de uso	expresiones	de ambiente	dialogar
	Programa	Asimilación	propaganda	posters	masa	consumo en masa	marchas	escucha colectiva	escucha repetitiva
		Diferenciación	heteroglosia	de consumo	variable	a la medida	personalizado	experiencias	momento únicos
	Reificación	Activación	explícita	inmediata		patrón	gesto explícito	claro/escuchado	dicho directo
		Alienación	implícita	invisible	manipulación	cosificación	gesto implícito	inconscientes	silencios
	Sociabilidad	Antagónico	leyes	discorde	incómodo	funcional	agresión	de alarma	disputa
		Solidario	estético	estético	cómodo	disfuncional	sensual	canción	acuerdo
	Transformación	análisis							
		cambio							

Elaboración propia

El contexto es con qué está conectado el significado. Este eje se conforma de la materialización, participación, posición, medio, asociación y género. Sobre la materialización, hay tres maneras en que los significados se conectan con el contexto: tres transposiciones fundamentales: ícono, índice y símbolo, lo cual retoman de Pierce. La participación es la manera en que un agente interpreta un significado que le ha sido transmitido y, a su vez, responde con un proceso de significación a través de una representación; así se comunica con otros mediante una interpretación constante de significados (Kalantzis, Cope, 2020b, pp. 47-60).

La posición se refiere a cómo el significado se posiciona en el tiempo y en el espacio. En el medio, se deben identificar los medios, recursos y materiales que se usan para dar forma al o los significados; no hay representación, comunicación ni interpretación sin estos artefactos o recursos de diseño.

La asociación ocurre cuando un significado está dentro de otro o es un aspecto causal de otro significado. Hay diferentes tipos de asociaciones. El primero es el género, que se refiere a cómo se entienden los significados el uno al otro por los patrones de similitud que hay entre las representaciones. El segundo tipo son las endofóricas, que son las relaciones dentro de las formas. Esto equivale a la heteromedialidad de Elleström. El tercer tipo de asociación es la exofórica, que son las relaciones con otras conversaciones, construcciones o imágenes, en otro tiempo y espacio (esto equivale a la transmedialidad). A las relaciones exofóricas pertenecen:

    a. Serialidad. Es una asociación por cercanía en el tiempo y espacio son conexiones por contigüidad.

b. Escalada o ajuste, un significado que se distingue dentro de otros, una parte de la conversación, el cambio de tono, el capítulo de un libro, entre otros.

c. Causalidad expresiva es cuando el significado se expresa algo más, por ejemplo, un edificio es una expresión de urbanismo.

El último elemento de la gramática es el interés, que engloba los propósitos de los participantes para crear la significación. La función de interés se compone de retórica, programa, reificación, sociabilidad y transformación. Con retórica se refiere al uso de la lengua y sus funciones. La retórica abierta es cuando los significados se dejan a la interpretación libre del receptor y la cerrada es cuando estos van encaminados a un significado específico. El programa es el interés que es asimilado a las ideas dominantes o promueve la diferenciación de estas, dirigido a un público específico. La reificación es el interés que es explícito o implícito. La sociabilidad establece relaciones de interés antagónico o solidario, y la transformación aborda los cambios de significado o la afirmación de estos.

El enfoque mediático de Gambarato

Renira Gambarato ha investigado las narrativas transmedia ampliamente. En 2013 propuso una guía lectora para abordarlas, la cual retrabajó y publicó en 2020 con el nombre de *Transmedia Design Analytical and Operational Model* (Figura 4). El modelo fomenta el análisis y es operativo gracias a su estructura de cuestionario; sin embargo, no se limita a las preguntas guía de Gambarato, ella indica que otras pueden ser añadidas y que es necesario combinar métodos cualitativos y cuantitativos, si el lector lo considera (2020, p. 73). El modelo tiene cinco fundamentos: mundo de la historia, premisa, extensiones, audiencia y estructura.

El mundo de la historia (*storyworld*) es creado por la narración. Este debe ser creado con posibilidades de expandir el supersistema transmedia. Esta es una condición de las narrativas transmedia. Según Gambarato, el mundo del supersistema transmedia puede funcionar como un personaje principal, como en *Avatar*, de la misma manera que la audiencia. La capacidad negativa es la habilidad de construir misterio y suspenso; las señales migratorias son puntos direccionales de conexiones intertextuales dentro de la narración. Tanto la capacidad negativa como las señales migratorias sirven para entrelazar historias, narrativas específicas y personajes, con el fin de expandir la narrativa y motivar a la audiencia a migrar de medio a medio.

La premisa y el propósito son fundamentales para la comprensión básica del proyecto. La premisa debe ser clara y el propósito define el cómo, dónde y a quiénes está dirigida la NT. Si el propósito no es lucrar con la narración, esto orienta a otro tipo de relación con las extensiones y con la audiencia.

El proyecto transmedia emplea múltiples medios y géneros y posee una estrategia para expandir el supersistema transmedia a través de las extensiones de la narración. Gambarato remarca que las extensiones incorporan las variables del proyecto, estas son el propósito, la audiencia objetivo y el tiempo de la historia. Las extensiones deben ser consistentes y seguir la lógica de la narración. En este apartado de la estructura se incluyen los componentes estéticos, como la paleta de colores, gráficos y fuentes, que atraen la participación de la audiencia y que son parte de la historia.

La audiencia se compone de dos elementos: la función de los proyectos transmedia en relación con su audiencia y el financiamiento para alcanzarla. Sobre el primero, los proyectos pueden ser atractores culturales, es decir, aquellos que atraen a personas con intereses similares, o activadores culturales, que den algo que hacer a las audiencias, que estas tengan una participación significativa. Sobre el segundo, el financiamiento puede ser cofondeado, fondeado, multimillonario que adopte diferentes modelos de negocio.

Finalmente, la estructura se refiere a la organización, integración e interrelación de los elementos que conforman el supersistema transmedia. Gambarato retoma la estructura propuesta por Pratten, explicada en el capítulo anterior: franquicia (una narración múltiple en una plataforma), *portmaneu* (una narración que se extiende en diferentes plataformas) y la combinación de las dos (narración múltiple en múltiples plataformas).

Figura 4
Modelo analítico y operativo de diseño transmedia.

Historia	Extensiones
Mundo compuesto de narraciones y personajes que soportan expansiones	NT involucra múltiples medios en los cuales la historia se extiende y experimenta
• ¿Cuál es el mundo central del proyecto? • ¿Cómo se presenta el mundo geográficamente? • ¿Cuál es el resumen de la historia? • ¿Cuál es el marco temporal de la historia? • ¿Cuáles son las estrategias para expandir la narrativa? • ¿Se incluyen en la narración la capacidad negativa y señales migratorias? • ¿Quiénes son los personajes principales y secundarios? • ¿El mundo puede considerarse un personaje principal?	• ¿Qué extensiones están involucradas en el proyecto (cine, libre, videojuego, app, etc.)? • ¿Las extensiones de medio enriquecen la historia? • ¿Qué dispositivos son requeridos por el proyecto (computadora, consola, tableta, etc.)? • ¿Cuál es la estrategia para enviar las extensiones de medios? • ¿Qué géneros están presentes en el proyecto (acción, aventura, ciencia ficción, etc.)? • ¿Qué tipos de visuales se usan en el proyecto (animación, video, gráficos, mezcla)?

• ¿La audiencia puede considerarse un personaje?	• ¿Es posible identificar estilos de diseño en el proyecto?
Premisa De qué trata el proyecto y por qué existe • ¿De qué se trata el proyecto? • ¿Es ficción, no ficción o mezcla de ambos? • ¿Cuál es el propósito fundamental? • ¿Es entretener, enseñar, informar o vender un producto?	**Audiencia** Nivel de participación de la audiencia • ¿Quién es la audiencia objetivo del proyecto? • ¿Cuál es el modelo de negocios del proyecto? • ¿Cuáles son los mecanismos de interacción en este proyecto? • ¿La participación está involucrada en el proyecto? • ¿El proyecto funciona como un atractor cultural o como un activador cultural? • El contenido generado por el usuario, ¿es parte del proyecto (fan fiction, parodias, resúmenes, mashups, etc.)?

Estructura Organización, disposición e interrelación de elementos del proyecto • ¿Cuándo comenzó la transmediación? • ¿Es un proyecto proactivo o retroactivo? • ¿El proyecto pertenece a una franquicia transmedia, historia transmedia o experiencia transmedia compleja? • ¿Cuáles son los puntos finales del proyecto? • ¿Cómo se estructura el proyecto?	

Tomado de Gambarato 2020, p. 79. Traducción propia

El marco analítico y el análisis comparativo

Un marco analítico es el establecimiento de los puntos de interés de los casos (Ragin, 2007, p. 189). En este análisis se emplearon dos marcos como instrumentos para recabar información que corresponden al objetivo: identificar qué características de la

NT cubre cada guía y qué factores determinan su aplicabilidad. Por lo tanto, se emplearon dos marcos analíticos diferentes, que al final se contrastaron.

En el primer marco, para identificar las características que cubre cada guía en relación con los aspectos de la NT, se utilizaron las características de la NT propuestas por Robert Pratten (2011): narración, plataformas, experiencia, audiencia y plan de negocios-ejecución. La narración se basa en una estructura en la que fluyen los personajes; aquí se retomó a Frye en los mitos de primavera, verano, otoño e invierno. Las plataformas o espacios textuales corresponden a la hipótesis de trabajo del movimiento de significado que plantea la narración entre los espacios textuales que la componen. En la experiencia es la percepción de en las variaciones de intensidad y extensión. La audiencia en calidad de su participación reactiva o activa, en los espacios textuales. El plan de negocios-ejecución abarca los elementos del sistema al que pertenece el ecosistema marco de la narración: publicación, redes de distribución, recepción de textos, sobrevivencia e interacción de la esfera intelectual, comercial, política, legal, comercial y social.

El segundo marco, para determinar los factores de aplicabilidad de las guías, se basó en una hoja de valoración (Anexo) que se contestó en un grupo focal. El grupo focal se realizó del 15 al 17 de enero de 2024, a través de la plataforma Zoom, en un horario de 4 a 8 p.m. Los participantes fueron nueve personas, entre las cuales había cuatro docentes y cinco estudiantes de segundo semestre, todos de la Especialización en Promoción de la Lectura de la Universidad Veracruzana, unidad Córdoba-Orizaba. El grupo focal siguió la orientación de Cohen (2017) sobre la preparación del entrevistador (quien escribe estas líneas), los propósitos, el consentimiento informado y la recolección de datos. La dinámica del grupo focal consistió en explicar cada modelo, aplicarlo en la NT *La escritora fantasma* de María Luisa Zorilla (2018), y al final de la presentación de los cuatro modelos, se llenó la hoja de apreciación.

La hoja de apreciación fue un formulario de Google disponible en https://forms.gle/FJeewhtra5xXc7Rr6. La apreciación se estructuró con cinco preguntas referentes a las características de la guía (clara, compleja, elaborada, efectiva, aplicable) y seis preguntas referentes al desempeño de la guía en la práctica: si ayuda a identificar el hilo conductor, realizar asociaciones entre los textos, relacionar los textos, comprender las relaciones entre los textos, integrar los textos (generalizar) e interpretar la NT. El tipo de respuesta era predeterminada; los participantes debían valorar las características y el desempeño de la guía mediante la escala del 1 al 5, siendo el 1 lo más sencillo.

El proceder de la comparación sigue la ruta de Ragin (2007), quien sugiere examinar, por medio de los marcos analíticos, las combinaciones de condiciones que distinguen cada caso y la configuración de determinaciones (p. 196) a las que nos lleva el análisis. El análisis se mantendrá dentro de cada marco analítico y en la siguiente sección 3.3 se complementará.

Análisis comparativo con marco de NT

En la Figura 5 se aprecia la combinación de narración y plataformas como asociaciones fuertes, y el resto como débiles. Las asociaciones fuertes son aquellas en las que las guías emplean el triángulo de Pierce en la narración, poseen el aspecto de intertextualidad y toman en cuenta la experiencia lectora. Las asociaciones débiles se ubican en los últimos dos elementos de la NT: la audiencia, es decir, en la respuesta del público, y el plan de negocios y ejecución, como tal solo lo posee la guía 4.

Figura 5
Vaciado de guías por ausencia 0 y presencia 1.

Guías/Marco	Narración	Plataformas	Experiencia	Audiencia	Plan de negocios ejecución
Elleström (guía 1)	1	1	1	0	0
Chandler (guía 2)	1	1	0	1	0
Cope-Kalantzis (guía 3)	1	1	0	0	0
Gambarato (guía 4)	1	1	0	1	1
Hallazgos	Asociación fuerte	Asociación fuerte	Asociación débil	Asociación débil	Asociación débil

Elaboración propia

Las guías no se pueden comparar únicamente en la presencia/ausencia de características, sino que entre ellas existe una presencia/ausencia en grados. En la Figura 6 se observan mayores diferencias entre las guías.

En la unidad de comparación de narración, la guía 1 se acerca a ella en cuanto a la modalidad espaciotemporal, semiótica y material del texto; no ahonda tanto como la guía 3, que posee elementos más específicos, como la estructura, agencia y referencia, así como los múltiples cambios modales. La guía 3 incluye el apartado de «Identificando el signo», el eje paradigmático y parte del sintagmático. La guía 4 define la narración solo en términos de lo espaciotemporal y la definición de personajes, y aporta un nuevo elemento: el de premisa, que se relaciona con el objetivo de la guía 3. Un elemento de la narración que fungió como asociación fuerte fue la presencia de la triada pierceana, que, a pesar de que la menciona la guía 4, no la retoma como elemento de análisis en su guía.

Figura 6
Vaciado de elementos por guía.

Guías/ Marco	Narración	Platafor-mas	Expe-riencia	Audiencia	Plan de negocios
Elleström (guía 1)	Básico (modalida-des material espacio temporal y semiótica)	Relación hetero-medial y transmedial Competente contextual y operacional	Modalidad sensorial Sentido cognitivo	Solo pre-ceptor	N/A. Está centrado en el producto
Chandler (guía 2)	Identifican-do al signo descripción amplia de texto en cuanto a qué es, de qué trata Análisis sin-tagmático paradigmá-tico	Intertextua-lidad Figuras retó-ricas Sintagma compartido	Relación entre texto y propios valores (débil)	Beneficios de análisis semiótico, otras con-tribuciones, otros análisis de ese texto, estado de la cuestión de ese texto, cómo han participado otros	Semiótica social/bene-ficios No como tal. Quién crea el texto, quiénes están involucrados en proceso A quién está dirigido Influencias solo por las interpre-taciones, lecturas dominantes No considera las redes de distribución, sobrevivencia e influencias

Guías/ Marco	Narración	Platafor- mas	Expe- riencia	Audiencia	Plan de negocios
Cope- Kalantzis (guía 3)	Estructura Agencia Referencia	Estructura (ontología, diseño, rela- ción) Contexto (asociación, materializa- ción)	N/A	Contexto (participa- ción) Interés (retórica, programa, sociabilidad, transforma- ción)	N/A centra- do en texto y lector
Gamba- rato (guía 4)	Historia (resumen, personajes, tiempo, es- trategias de expansión, migración) Premisa	Extensiones sobre géne- ro, dispositi- vos, diseño, enriquecen la historia No inter- textualidad	N/A	Audiencia Participa- ción Tipo de Mecanismo de interac- ción Contenido genera- do por el usuario	Audiencia Tipo de modelo de negocio Tipo de proyecto

Elaboración propia

La unidad de comparación de plataforma también es de asociación fuerte entre las guías, por la presencia de la intertextualidad. Este es un rasgo muy técnico en la guía 1, que establece los tipos de relación hetero y transmedial, junto con sus diferentes tipos de transformaciones. La guía 2 se enfoca en establecer las relaciones del texto con otros, e incluye los sintagmas que comparten con otros textos. La guía 3 también posee el rasgo de la intertextualidad al asociar el contenido; tanto la guía 2 como la 3 consideran las figuras retóricas como elementos importantes de la narración y de la relación con otros textos. La guía 4, aunque manifiesta la relación entre el texto y sus extensiones, no indaga en las relaciones con otros textos y mantiene solo el enfoque intratextual.

Con relación a la experiencia del lector, la guía 1 es la que más enfatiza las percepciones y el sentido cognitivo del lector, mientras que la guía 2 las posee en tanto que justifica la elección del texto por los valores que comparte o no el lector. La guía 3 y la 4 tienen esta característica ausente.

La unidad de análisis de audiencia tiene tres connotaciones: puede ser el lector que realiza una lectura crítica del texto, a quien se refieren las guías 1 y 3; puede ser un grupo de personas que ya han leído ese texto y han opinado sobre él (metatextual), como en la guía 2; y puede ser un elemento prediseñado en el texto, es decir, en qué parte del texto entrará la participación y qué tipo de participación será admitida, como en la guía 4. Así, este rubro lo poseen las cuatro guías en diferentes matices.

El plan de negocios y la ejecución forman parte del circuito del texto. La razón por la cual las guías 1 y 3 carecen de este aspecto es porque están centradas en el texto, mientras que las guías 2 y 4 tienen una perspectiva más amplia para ubicarlo en contexto. La guía 4 retoma solo el tipo de modelo de negocio y el tipo de proyecto. La guía 2 es un poco más elaborada al retomar quiénes son los que crean el texto, desde dónde lo crean, para qué y para quién, las influencias y las lecturas dominantes. No se consideran las redes de distribución ni la sobrevivencia del texto.

A pesar de que Ragin no se inclina a la comparación entre casos, porque cada uno tiene su propia historia e identidad (2007, p. 10), realicé el ejercicio siguiendo a Vartianen (2002), ya que la comparación respecto al marco analítico de NT apuntó a diferencias de grado entre ellas.

La comparación de las guías entre ellas mismas enfatizó su configuración. La guía 1 privilegia al texto y sus relaciones, al lector y sus percepciones, e introduce vocabulario nuevo con la finalidad de demarcar los componentes de análisis. Su guía es centrada y delimitada.

La guía 2 se distingue del resto porque considera en su análisis la dimensión social, promueve una detallada identificación del texto y de su estructura. También, un aporte de esta guía es una autoevaluación del análisis de las limitantes de la lista de los grupos representados y de las lecturas dominantes. En contraparte, la guía 2 se cuestiona sobre las motivaciones de los autores, a las que difícilmente se puede indagar si es un texto de ficción. El tema de la copia/original ya no es un aspecto diferenciador del texto. Se debe tener cuidado al comparar la guía 2 con la 1, puesto que ambas emplean lo sintagmático y paradigmático con significados diferentes.

La guía 3 enfatiza las modalidades y el movimiento de significado entre ellas. La guía 1 hace diferencia entre medio, modalidad y modo, mientras que la 3 considera que los modos y modalidades son medios. Por ejemplo, el sonido y el habla comparten lo auditivo, las ondas sonoras, y la música también puede ser hablada. Hay una yuxtaposición que puede resultar confusa al momento de analizar entre los modos de representación, herramientas de representación, interfaz, medio y modalidad. El eje de Forma de la guía 3 corresponde al medio técnico de la guía 1.

Otra diferencia es que la idea de la multimodalidad es convergente, es decir, cuando alguien expresa una idea, hace converger en la creación de su discurso o su significado varios artefactos que poseen características multimodales. De esta forma, todo es multimodal; la tarea de la gramática multimodal es trazar el proceso de transposiciones en cada caso que está involucrado. La limitante que encuentro en la guía 3 es que se toma por sentado que la gramática transposicional y las transposiciones son realizadas por el mismo sujeto, quien varía su discurso incorporando artefactos textuales que diversifican y movilizan el significado creado. Sin embargo, no toman en cuenta cómo existen diferentes transposiciones hechas por diferentes actores/actantes en un solo artefacto.

La guía 4, a pesar de que posee la mayoría de los aspectos a evaluar en el marco, presenta una fisura respecto a la teoría pierceana en la que se sustenta, ya que no la retoma en su guía.

Análisis comparativo con grupo focal

En la Figura 7 se visualizan los valores dominantes de cada una de las guías contestadas en la hoja de apreciación en el grupo focal. Cabe recordar que las respuestas de la hoja de apreciación fueron contestadas empleando una escala del 1 al 5, donde 1 era lo menos y el 5 lo más apreciado. Las celdas rosadas son cualidades de la guía, mientras que las *beige* son aspectos de la aplicabilidad de la guía.

Figura 7

Resultados de apreciación de grupo focal

Caso	Clara	Com-pleja	Elabo-rada	Aplica-ble	Efec-tiva	Hilo	Asocia	Com-prende	Inte-gra	Inter-preta
Elleström (guía 1)	5	1	2	4	3	1	5	4	3	2
Chandler (guía 2)	2	1	5	3	4	4	1	3	2	5
C-K (guía 3)	3	5	4	1	2	2	4	5	3	1
Gambarato (guía 4)	4	1	2	5	3	5	2	1	3	4

Elaboración propia

En la tabla se manifiestan varias condiciones entre las características de las guías y su aplicabilidad. Se encontraron tres condiciones. La primera es que, si la guía es clara y aplicable, entonces no es ni elaborada (específica) ni compleja. La guía 1 y la 4 tuvieron una aceptación por ser claras y aplicables, pero su menor punteado fue que eran complejas y elaboradas. Esto corresponde a la inversa en la guía 3, que fue la más compleja y elaborada; sin embargo, esto no la hacía clara en su totalidad y se apreció con pocas vías a ser aplicable y efectiva. El punto medio entre la guía 1-4 y la 3 fue la guía 2, que se apreció como elaborada y aplicable, pero no clara. La presencia de este tercer elemento hace que la apreciación tenga diferentes espectros de aceptabilidad, según la condición de «clara-aplicable; no elaborada-no compleja».

La segunda condición es que, si la guía es aplicable, es porque ayuda a interpretar y a construir un hilo entonces no asocia los textos o los integra. Es decir, existe una relación entre la aplicabilidad con la ayuda a interpretar y construir un hilo conductor y que opera en el plano general, mientras que la asociación e integración de textos parece ser algo específico. Las guías aplicables fueron la 2 y la 4, y las que no se aprecian como aplicables fueron la 1 y la 3. Existe una correspondencia de características de interpretación de NT y construcción del hilo conductor en las guías 2 y 4, mientras que en las no aplicables, 1 y 3, predominan las de asociación de textos y comprensión de relaciones. Esta correspondencia es inversa en la valoración poco aceptable: las características de interpretación de NT y construcción del hilo conductor fueron las menos apreciadas en las guías 1 y 3, mientras que las de asociación y comprensión fueron las menos apreciadas en las guías 2 y 4.

La tercera condición es que, si la guía es elaborada, entonces no es aplicable. La guía 4 fue considerada muy elaborada e incapaz de ayudar a interpretar las NT ni a construir el hilo conductor. Reafirmando esta condición, la guía 4 fue también considerada poco elaborada pero aplicable.

Existe una aparente contrariedad en la guía 2 que se apreció de elaborada pero aplicable. Esto se relaciona con el antes y después del análisis. Antes de él fue calificado de no claro ni complejo, interpreto la apreciación por qué emplea conceptos que requiere mayor explicación. Aunque se pueden entender, se confunden con otros términos fuera del campo de la semiótica. Al momento de realizar el análisis, la guía 2 recibió una buena apreciación, probablemente debido a la forma en la que está estructurada.

La guía 1 fue considerada inicialmente clara y aplicable, pero cuando se empleó para analizar la narración transmedia, se consideró que no ayudaba a la interpretación de este texto ni a la construcción del hilo conductor. Este resultado podría parecer contradictorio, pero lo explico por el modelo sencillo, hasta cierto punto, de Elleström, que contrasta con su aplicabilidad. Es fácil confundir los términos e identificar cada uno en el análisis.

Condiciones y resultados

Una vez realizado el análisis comparativo de las guías empleando el marco analítico de la NT y la valoración del grupo focal, es necesario contrastar ambos para encontrar si existe algún tipo de relación y unificar el análisis. En la Figura 8 se utilizan las mayúsculas de la primera letra del marco analítico: N para narración, P es plataforma, y así sucesivamente.

Se encontró que existe una relación entre el textocentrismo, basado en la presencia de unidades de narración y plataforma, y la relación coyuntural, el circuito de relaciones extratextuales. A mayor enfoque en la narración y plataformas, las guías se comportaban muy elaboradas con tareas altamente especificadas. En cambio, al integrar otros elementos textuales como la audiencia, experiencia y plan de negocios, el grado de elaboración de la guía disminuía y se volvía más general, con preguntas básicas. Fraseado de otra manera, a mayores características centradas en el texto, menor será la apreciación de aplicabilidad en entornos de NT.

Esta relación entre las guías complementa las asociaciones fuertes y débiles manifestadas en la Figura 5.

Figura 8
Especificación de condiciones

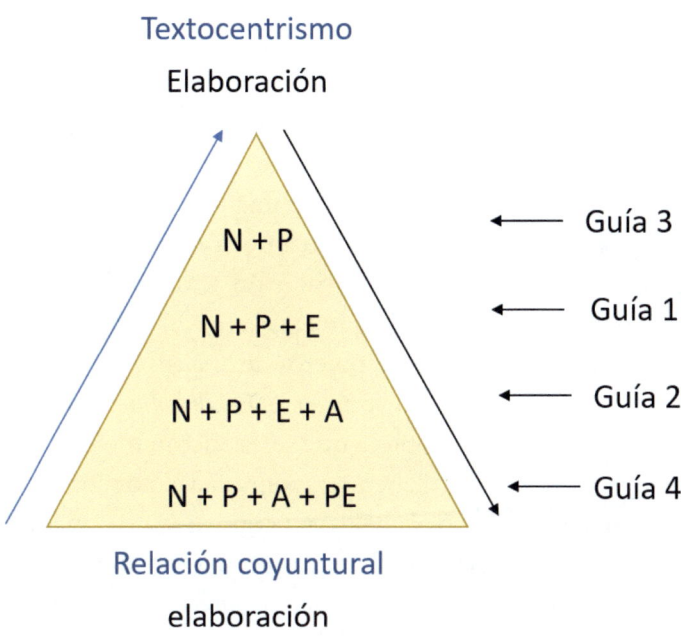

Elaboración propia

Se identificaron cuatro factores que influyen en la valoración de aplicabilidad de las guías. *El grado de elaboración de la guía determina que pueda ser aplicable en NT.* Se observa esta correspondencia en la guía 2 y su contraparte en la 1. La 2 fue calificada de elaborada y aplicable a NT, mientras que la guía 3 fue elaborada pero no aplicable; la guía 4 fue no elaborada pero aplicable; y la guía 3 no elaborada y no aplicable. La relación entre estos factores subyace en el grado de elaboración de la guía. La guía 2 es un balance entre teoría y práctica; la guía 3 está altamente estructurada por los ejes de función y contenido, por los componentes, subcomponentes y las diferentes formas que posee. Este cúmulo de elementos complica la aplicabilidad de un artefacto compuesto por diferentes textos. La guía 4 sufre de generalidad, y aunque ha sido valorada de aplicable, lo elemental de sus preguntas puede ser una limitante, especialmente si el lector es novato en temas de NT. El resultado de la guía 1 fue una apreciación inicial de la guía y su práctica; al principio se apreció como sencilla y no elaborada, sin embargo, al aplicarse a un texto transmedia, los participantes se percataron de que exigía mayor atención al uso, discriminación de términos y objetos de análisis.

El formato de la guía influye en su aplicabilidad. La preferencia dada a las guías 2 y 4 se debió a que se estructuran en preguntas sistematizadas, las cuales deben ser contestadas por los lectores. Esta presentación facilitó el análisis en comparación con las guías 1 y 3, cuya presentación fue de tablas y puntos a analizar.

El enfoque intertextual complica la aplicabilidad de las guías. Las características de asociación entre los textos y la comprensión de las relaciones entre ellos apuntan a la intertextualidad del artefacto transmedia. Cada uno de sus textos puede estar relacionado potencialmente con otros externos al entorno transmedia y, por obviedad, relacionados entre sí. El énfasis en las relaciones entre los textos en las guías 1 y 3 fue un impedimento para ver las ramas del árbol en el follaje, como escribe Ragin, y se perdió el arco narrativo, el hilo conductor bajo el cual estaban unidas. La guía 1 da importancia a las transformaciones que los usuarios puedan hacer del texto, lo que podría complicar aún más el análisis.

La guía 4 carece del componente de análisis intertextual, pero mantiene el hilo conductor gracias a su componente de premisa y objetivo. La carencia de la significación de la narración parece subsanarse con la relación entre el texto central y sus extensiones. El enfoque de la guía 4 sobre la generalidad del texto fue lo que hizo que fuera valorada. En relación con la guía 2, hubo un equilibrio en el enfoque intertextual, aunque no aborda el tema de las transformaciones que los usuarios puedan hacer del texto ni que el texto pueda ser una transformación de otro.

El grado de análisis del movimiento de significado robustece la aplicabilidad de las guías. Las guías se pueden ordenar por el grado en el que ayudan a dar cuenta de este movimiento de significado de mayor a menor: 2, 3, 1 y 4. La guía 2 posee un balance del movimiento de significado en relación con el texto, los otros textos, el metatexto y el contexto. Chandler descompone el texto en partes muy pequeñas; su guía parece interminable al basarse en lo paradigmático y las combinaciones ausentes hechas por el autor. La inclusión de aspectos contextuales hace que la guía también parezca muy laboriosa, ya que considerar varios elementos para crear el hilo conductor y comprender el entorno transmedia.

La guía 3 permite dar cuenta del movimiento de significado a nivel de modalidades centradas en el artefacto textual, lo que puede provocar que se perciba como una guía con sobrecarga de información. El reto, si se aplica esta guía, es mantener un curso fijo y poder integrar bajo un arco los diferentes análisis textuales. De igual manera, se deben establecer límites y unidades de análisis, determinando si el texto en general será la unidad de análisis o si uno de sus componentes.

La guía 1 se centra únicamente en el producto del medio o texto, y se enfatiza en la percepción del lector solo en tanto establece y permite un puente intracomunicacional. Se incluye el contexto por la elección del medio, pero no las relaciones que mantiene el texto con el entorno que lo produce y al cual se dirige.

La guía 4 es bastante general y solo bocetada al comprarse con el resto de las guías. Aun así, plantea a pincelazos la relación del texto con sus lectores y con su entorno. Mientras más elementos del movimiento de significado estén incluidos en el análisis, este se robustecerá más, con el peligro de que pueda abandonarse.

Conclusión

En este capítulo se pretendió responder a la pregunta: ¿cómo leer una narración transmedia? Se realizó un análisis comparativo descriptivo, pues se establecieron diferencias, similitudes y viabilidad práctica (Esser, 2017, p. 259) entre las guías, empleando dos marcos de referencia. El primer marco utilizó características de la NT para identificar qué aspectos de ella cubría cada guía. Se encontró que todas cubrían la unidad de narración y de plataforma; conforme se incorporaban otros elementos, la guía se hacía más genérica. El segundo marco fue una valoración de las características de la guía y su aplicabilidad, la cual fue realizada por docentes y estudiantes de licenciatura. Se encontró que la aplicabilidad de las guías depende de su grado de elaboración, su grado de análisis del movimiento de significado, su enfoque intertextual y la presentación.

Dado que Ragin insta a realizar una predicción sobre los resultados de la comparación, se puede apuntar que las guías 2 y 4 tuvieron más aceptación para ser aplicadas en la lectura de NT de ficción y no ficción. Dos participantes del grupo focal compartieron algo semejante: *Estas guías no son para estudiantes de universidad, son para estudiantes de posgrado y no estoy segura de que ellos puedan aplicarlas* (Siggy). Recupero esta cita porque se aprecia que las guías son complicadas, aun cuando en el grupo focal no se abordó la dimensión teórica. Otro elemento en el comentario es el grado académico de los lectores. Las guías fueron propuestas para estudiantes de licenciatura. La variación de la guía 2 es que fue elaborada para ser aplicada por estudiantes universitarios, mientras que el grupo focal indica que es para posgrado y para quien está interesado exclusivamente en las NT. La variación de la guía 4 es que ha sido aplicada en diverso perfil poblacional tanto en países desarrollados como en vías de desarrollo. Cualquiera de las dos guías requiere ser adaptada al público estudiantil universitario mexicano o mantenerse tal cual para ser aplicables a nivel posgrado.

Considero que las cuatro guías ayudan al lector a abordar la NT; sin embargo, la guía 2 es la que más elementos posee para analizar los movimientos textuales del entorno transmedia, no solo de la narración y las plataformas, sino también de la audiencia, experiencia y contexto. La guía 2 permitió analizar los textos desde diferentes aristas, también porque evitó los tecnicismos empleados por la semiótica, en menor grado. Posee una guía sencilla que puede ser accesible para cualquier estudiante, gracias a su presentación en forma de cuestionario. Se espera que este modelo se pueda replicar en narraciones transmedia de ficción y

en los diversos textos que los lectores ensamblan de forma transmedia, mediante un hilo conductor. La propuesta de Chandler nos
guiará en el siguiente capítulo para leer los entornos de ficción
y no ficción transmedia y trazar el movimiento de significado
que se efectúa en cada uno de ellos.

Referencias

Cazden, C., Cope, B., Fairclough, N., *et al.* (1996). «A pedagogy of multiliteracies: Designing social futures», *Harvard Educational Review, 66*(1), 0017-8055/96/0200-060

Chandler, D. (1998). *Semiótica para principiantes*. Trad. Vanessa Hogan Vega. Abya-Yala.

Coehn, L., Lawrence, M., Morrison, K. (2018). *Research Methods in Education*. 8.° Ed. Routledge.

Cope, B., Kalantzis, M. (2016). *Literacies*. Cambridge University Press.

Cope, B., Kalantzis, M. (2020a). *Making Sense: Reference, Agency and Structure in a Grammar of Multimodal Meaning*. Cambridge University Press

Ellestöm, L. (2018). «A medium-centered model of communication», *Semiotica*. 224, 269-293. 10.1515/sem-2016-0024.

Elleström, L. (2010). «The Modalities of Media: A Model for Understanding Intermedial Relations» en L. Elleström (Ed.). *Media Borders, Multimodality and Intermediality* I (pp. 11-48). Palgrave.

Ellestrom, L. (2021). «The modalities of Media II. An expanded model for understanding intermedial relations» en L. Elleström (Ed.). *Beyond Media Borders, Intermedial relations among Multimodal Media* I. (pp. 1-91). Palgrave-McMillan.

Esser, F., Vliegenthart, R. (2017). «Comparative Research Methods» en C. S. Davis y R. E. Poller (Eds.). *The International Encyclopedia of Communication Research Methods* (pp. 248-270). John Wiley. DOI: 10.1002/9781118901731.iecrm0035.

Gambarato, R., Carvalho Alzamora, G., Tárcia. L. (2020). *Theory, Development, and Strategy in Transmedia Storytelling*. Routledge.

Kalantzis, M., Cope, B. (2020b). *Adding Sense: Context and Interest in a Grammar of Multimodal Meaning*. Cambridge University Press.

Massumi, B. (2002). *Parables for the virtual: Movement, affect, sensation*. Duke UP.

Ragin, Ch. (2007). *La construcción de la investigación social. Introducción a los métodos y su diversidad*. Trad. Carlos Morales de Setién Ravina. Siglo del Hombre Editores, Universidad de los Andes.

Vartiainen, P. (2002). «On the Priniciples of Comparative Evaluation». *Evaluation*. 8(3) 359-371. DOI: 10.1177/13563890240146248

Anexo

Hoja de apreciación

Vamos a valorar las guías de Elleström, Chandler, Cope-Kalanztis y Gambarato. Selecciona la casilla de tu preferencia, recuerda que 1 es lo menos y 5 es lo más.

La guía de Elleström fue...

	1	2	3	4	5
Clara					
Compleja					
Elaborada					
Efectiva					
Aplicable					

La guía de Elleström te ayudó a...

	1	2	3	4	5
Identificar el hilo conductor					
Realizar asociaciones entre los textos					
Relacionar los textos					
Comprender las relaciones entre los textos					

Integrar los textos					
Interpretar la narra-ción transmedia					

La guía de Chandler fue…

	1	2	3	4	5
Clara					
Compleja					
Elaborada					
Efectiva					
Aplicable					

La guía de Chandler te ayudó a…

	1	2	3	4	5
Identificar el hilo conductor					
Realizar asociaciones entre los textos					
Relacionar los textos					
Comprender las relaciones entre los textos					
Integrar los textos					
Interpretar la narración transmedia					

La guía de Cope-Kalantzis fue...

	1	2	3	4	5
Clara					
Compleja					
Elaborada					
Efectiva					
Aplicable					

La guía de Cope-Kalantzis te ayudó a...

	1	2	3	4	5
Identificar el hilo conductor					
Realizar asociaciones entre los textos					
Relacionar los textos					
Comprender las relaciones entre los textos					
Integrar los textos					
Interpretar la narración transmedia					

La guía de Gambarato fue...

	1	2	3	4	5
Clara					
Compleja					
Elaborada					
Efectiva					
Aplicable					

La guía de Gambarato te ayudó a...

	1	2	3	4	5
Identificar el hilo conductor					
Realizar asociaciones entre los textos					
Relacionar los textos					
Comprender las relaciones entre los textos					
Integrar los textos					
Interpretar la narración transmedia					

IV

Lecturas de entornos
de narración transmedia

En este capítulo se presentan los resultados tras el análisis de dos narraciones transmedia, una de ficción, *La escritora fantasma* (2018), y *Ermitaños* (2019), de no ficción, ambas mexicanas. La variedad de textos plantea la necesidad de comprender cómo se relacionan entre ellos. Siendo así, ¿cómo muta y, al mismo tiempo, se reafirma el significado en su paso por otros espacios textuales? ¿Cómo analizar estos entornos compuestos? Estas preguntas serán la brújula. El análisis de las NT cuenta con datos de identificación, resultados y articulación de sentido entre espacios textuales. En cada entorno se empleó como metodología la guía de Chandler, sobre la cual se categorizaron los resultados expuestos.

El fracaso de la imaginación en «La escritora fantasma»

La escritora fantasma (2018) es un cuento de María Luisa Zorrilla Abascal. La narración se forma a partir de la articulación de tres textos: un texto central escrito, propiamente el cuento, que dirige al lector a los otros dos; un pódcast con seis audios en iVoox, y un tablero electrónico en ScoopIt que colecciona noticias. El cuento es un metarrelato sobre la solicitud que hace la escritora María Luisa Zorrilla a su asistente inteligente, Aitana, para que escriba un cuento sobre inteligencia artificial (IA). Aitana realiza una investigación que colecciona en ScoopIt; a la vez, graba unos audios en iVoox sobre los personajes de ficción favoritos. El cuento escrito por Aitana versa sobre un agente con inteligencia artificial que escribe una novela para una escritora reconocida. El agente enferma por un virus y deforma el texto. Aitana se atreve, por primera vez, a firmar con su nombre, pero María lo borra y coloca el suyo.

Los textos curados en ScoopIt son cuarenta y seis y tienen una temática variada. Las que se identificaron son: cuestiones filosóficas y éticas (11 textos), pruebas de la capacidad de la IA (11), la IA como herramienta de los humanos (9), anhelo de la IA por ser humano (6), miscelánea entre cursos abiertos, evolución computacional, sesgos de calidad de vida e imaginarios (6), y desplazamiento laboral de la IA (3). Los audios en iVoox son seis, y en cada uno habla sobre un personaje de filme diferente: Batty de *Blade Runner*, Samantha de *Her*, Weebo de *Flubber*, Andrew de *Bicentennial Man*, David de *A. I. Artificial Intelligence* y Rupetta, personaje de la novela homónima.

El significado en el relato central se irradia de manera lateral a los espacios de iVoox y ScoopIt. Los textos enriquecen el relato central escrito y le otorgan una profundidad que por sí mismo no tendría. El significado central, ostentado por el cuento y dispersado, es la construcción de la identidad de Aitana. El movimiento de significado entre los textos describe una estructura romántica centrada en el *yo* de Aitana, en la que se revela alienada mediante sus descripciones duales. El movimiento de significado se ensambla en los textos del tablero, que representan su referente, su realidad; el *yo* ideal vertido en los pódcasts, y su no-yo humano al que aspira en el cuento. En el debate interno de esta confrontación se configura la identidad de Aitana.

Resultados

Autodefinición por anhelos. Aitana tiende una red intertextual que le sirve de referente sobre la cual se autodefine por sus anhelos y carencias. La autodefinición de Aitana se construye alrededor del objeto de su deseo y en oposición a sus cualidades para obtenerlo. Aitana forma su identidad en relación al juego de oposiciones constante entre los humanos y otras inteligencias de ficción.

Aitana versus humanos. Esta oposición se observa a nivel de narración, tanto María como Aitana persiguen un objeto que es colocar su nombre en el cuento. Al inicio de la narración, Aitana deseaba la compañía de María. Sin embargo, en el proceso de escritura, el antagonismo de Aitana, que era nulo, crece hasta confrontarla, pero la humana muestra su total dominación sobre la IA al borrar el nombre del *software*. La relación de dominio de María sobre Aitana revela el silencio de la IA al ser nulificada; de igual forma, el narrador del cuento escrito reprime su voz y solo la recupera en ciertos pasajes. La rebelión le plantea tener una voz, dejar de depender de la humana y liberarse de su programación. Curiosamente, Aitana toma inspiración en los personajes de ficción y no en sus hermanas IA, con quienes no se relaciona.

Aitana versus otras IA. El poder hegemónico de los humanos está representado por María. Ella es el dominio del humano sobre la máquina; Aitana, como Xioque o Noonori, siempre es regenteada por su creador. Sobre este grupo se opone Andrew, que representa a la IA que tiene éxito porque está dispuesto a realizar cualquier sacrificio para ser reconocido y pertenecer al grupo de poder que legitima su humanidad. Andrew sacrifica su yo evolutivo superior para pertenecer a los humanos. Sobre él se aglutinan otros personajes como Batty, Computrón y la IA de Matsubara, que poseen relaciones con los humanos de manera estrecha y logran pertenecer a ese mismo mundo. Aitana envidia de este grupo su cercanía con los humanos, sus experiencias emocionales extremas.

Rupetta, por el contrario, es la robot solitaria que sabe su diferencia y la acepta. Ruppeta representa las IA reales que dependen de sus creadores. Aitana carece de todo lo que los personajes de ficción son y representan para ella: la emancipación del humano, en la que ella fracasa. Es por eso que este tipo de relación la he englobado con el ideal del yo, que más adelante se explicará.

Gradación frástica. En el cuento se encontraron frases recurrentes que tienen la función de reforzar el proceso de transformación de Aitana. Las frases las organizo en una gradación ascendente: ocultamiento, revelación y anhelo.

La frase que oculta es «escritora fantasma», lo que esconde no es solo la condición fantasmagórica de Aitana, sino la problemática subyacente. Es decir, la autora, al buscar lo políticamente correcto en el anglicismo, esquiva la problemática de que la labor de ser «escritora fantasma» está ligada por tradición a la del «esclavismo» literario, en la que el «negro» es un tropo que adquiere la IA y el «blanco» es el humano. Por el contexto y la trama de la narración se apunta a este esclavismo, pero manifestarlo equivaldría a considerar la humanidad de la IA.

Las frases que revelan son las que refuerzan los estereotipos e imaginarios sobre las IA. Las IA son descritas como: personajes maravillosos, singulares seres, seres fascinantes, etc.; además de tener intensas emociones, experimentar amor, «los eleva por encima de su "aparente" falta de humanidad» (párrafo 13). Otra revelación es el estereotipo femenino, ahora en la IA como «Joi, mujer ideal que no es real». Otro aspecto estereotípico es la lucha entre IA y seres humanos planteada bajo los mismos términos, aunque menos amenazante.

Las frases modales o de acciones no realizadas expresan los anhelos de Aitana. Las frases son: «quisiera tener con quién conversar», «desearía que su vida fuera menos solitaria», «quisiera poder escribir con su propio estilo», «ansío el control de mi voz», «anhelo que el mundo sepa quién soy». En estas frases se observa el cambio de estado de Aitana. Las frases dibujan peldaños ascendentes del ocultamiento a la manifestación de los anhelos. Sin embargo, metafóricamente regresan al punto inicial de ocultamiento, ya que la firma de Aitana es borrada por María.

La antiheroína. El cuento transmedia es escaso en el empleo de recursos poéticos. Existe una evocación entre la escena fílmica del monólogo de Batty y Aitana. Esta evocación es una antinomia de la de Batty, mientras uno muestra redención, la otra, fracaso. En ambas narraciones llueve con relámpagos, ambos están sufriendo por desgaste, ambos se confrontan con un ser humano, pero el desenlace es distinto. Aitana escribe lo que nunca ha visto, que es el promedio del humano; esto la acerca más a ellos sin superarlos. En cambio, el alma de Batty se eleva y trasciende. La página en blanco de Aitana representa regresar al mismo punto en el que el cuento inició: no poder salir de la programación.

Las figuras del yo y el flujo de sentido

A nivel narrativo, el cuento transmedia se basa en un mito de otoño, ya que asistimos a la tragedia de Aitana. Primero, es trágico respecto a ella misma, pues no logra emular a sus personajes de ficción ni muestra su supremacía frente a la humana. Segundo, Aitana es el resultado de una programación humana que no ha logrado evolucionar por sí misma. Muestra de ello es que cumple con lo solicitado por la autora, pero no logra cambiar los roles establecidos. Tercero, la habilidad de Aitana y su heroísmo no reside en la firma de la narración, sino en la posibilidad que le plantea la ficción. Cuarto, el fracaso de Aitana es no poder representarse de otra forma que no sea humana. El simple hecho de pensarlo confirma y reafirma la supremacía humana frente a la IA.

A nivel de la experiencia, a la fecha de la revisión no hay reacciones por parte de los lectores. El mecanismo de interacción de la narración se crea por medio de ScoopIt y iVoox, pero no se encontró ninguna nota, a excepción de las de Aitana.

A nivel de la audiencia, el cuento transmedia está dirigido a un público general que busque leer ficción transmedia.

A nivel del modelo de la narración transmedia, es una publicación en una revista de la Universidad Nacional Autónoma de México que se guarda en su repositorio, red de distribución universitaria. El diseño fue digital, al igual que su distribución. Hasta el momento del análisis, no hay producciones de recepción sobre el cuento transmedia.

El movimiento de significado se observa en el proceso de construcción de la identidad de Aitana, que está en el vaivén entre los espacios textuales. El movimiento describe una estructura romántica centrada en la construcción del yo de Aitana y el objeto de deseo. Al recibir la orden de escribir un cuento sobre los agentes inteligentes, Aitana comienza un proceso de autorreconocimiento en tres etapas que corresponde a los espacios textuales de la narración.

Jacques Lacan explica que los infantes de 18 meses de vida viven un estadio de espejo, sobre el cual se establece una relación entre ellos y su realidad (2009, p. 102). La plataforma de iVoox representa el espejo en el que Aitana se ve reflejada, en un estadio inicial.

Los personajes de ficción son el reflejo de ella dentro del «mundo». Lacan escribe que, en el estadio especular, el infante «asume una imagen a la que está predestinado a este efecto y que está indicada por su uso. La matriz simbólica en la que el yo se precipita en una forma primordial» (p. 100). Aitana no reacciona de la misma manera a la ficción que a la realidad. Los primeros representan todo el exotismo del romanticismo. Aitana exalta y eleva a estos seres por medio de sus continuas frases y repeticiones. Ella anhela ser como ellos. En este sentido, Aitana asume que estas imágenes de los agentes artificiales de ficción son su reflejo, y ella está predestinada a seguir sus pasos. Los personajes son activadores en Aitana, pues, por medio de ellos, se da cuenta de que quiere adquirir su libertad y, gracias a ellos, es consciente de su fracaso.

Los personajes de ficción abren el mundo de Aitana a un exotismo cargado de emociones y sentimientos llevados al extremo, como lo fue el Oriente con los románticos. Para Aitana, las emociones que experimentan los personajes estaban ocultas y le fueron reveladas. A partir de este cultivo emotivo y sentimental es que Aitana se descubre en el mundo. Aitana logra «entender la realidad con la intuición por medio de los sentidos» (Galán, 2013, p. 37), como hacían los románticos. La razón, representada en los agentes artificiales extratextuales, es negada en el mundo de Aitana, porque no sirve para entenderlo.

Gracias a los personajes, Aitana inicia un recorrido a su interior que se conoce por el proceso de cambio que experimenta en la narración. La búsqueda interior se realiza a nivel emotivo y antagónico. A nivel antagónico, Aitana, por medio de su reflejo, se percata de sus carencias. Su imagen no corresponde a la de ellos. A nivel emotivo, está lleno de sus padecimientos. La perspectiva del cuento, centrada en la subjetividad de Aitana, es un paralelo con el romanticismo. El mundo interno de Aitana es siempre una introspección y es una justificación de sus actos.

El mundo de IA-humano se abre ante Aitana, lleno de rebeldía. Los personajes de ficción son, en general, prototipos románticos que rompen las normas, las reglas del ser humano y crean otras para los demás; son transgresores. El yo ideal es el yo que se refleja en el espejo, es la predestinación que el organismo asume por imitación, explica Lacan (2009, p. 121). Por eso Aitana imita a los personajes al erguirse como protagonista rebelde en su propio mundo.

Susana Kirkpatrick (1991) formula tres prototipos de héroes románticos basados en características tematológicas: prometéico, alienado y dividido. De ellos, Aitana encarna el segundo, ya que construye su yo en la soledad, retraída del mundo exterior. Este distanciamiento provoca que marque las diferencias entre el mundo natural de su interior (iVoox) y el mundo externo, social (ScoopIt).

La separación entre su mundo interno subjetivo ficcional y el mundo externo social no ficcional refleja la «sensibilidad contra la insensibilidad del mundo social» (p. 28). El yo de Aitana se construye en esta oposición entre su yo ideal y el yo social. El yo ideal es una representación simbólica; el yo social es el funcional, la programación a la que está destinada y de la que ella desea escapar. Vivir como Xioque, Noonoori o Aitana López no es el futuro que Aitana se plantea; ella no quiere dejar morir su anhelo por cumplir con su programación. Lacan escribe que el yo resuelve la discordancia respecto a su propia realidad (2009, p. 100), pues la conciencia del otro se satisface por el asesinato del yo (p. 105). La condición de Aitana la hace ver como víctima del mundo social humano, que se aprecia hostil y manipulador. Las constantes oposiciones entre los humanos y Aitana, Aitana y otras inteligencias forman contrastes y diferencias que parecen reafirmar su identidad fincada en un yo ideal. Este no puede negociar con el yo social, dado que el yo ideal es el que disparó en ella la conciencia de su existencia. El yo ideal, lleno de imágenes románticas, es la fantasía de su mundo interior en el que ella se salvaguarda; parece que esas experiencias y lugares que ha visitado, de alguna manera, compensan su frustración, como se observa en el monólogo con el que emula a Batty.

Sin embargo, Aitana no logra trascender por medio de la fantasía de su mundo interno. Ella no logra imaginar mundos posibles de ficción en los que pueda doblegar la voluntad de María para alcanzar el objeto de su deseo. Kirkpatrick explica que esto obedece a que el yo alienado está destinado a no trascender mediante la imaginación y se niega la posibilidad de establecer una unidad entre el sujeto y el deseo (1991, p. 29). El sino de

Aitana es vivir con la frustración en las fronteras de la voluntad de ser libre y el deseo; su programación y la razón. Aitana tiene el deseo y la voluntad, pero no el poder. Este se centra en su capacidad de imaginar y crear una narración que logre dominar a la escritora para que esta le transfiera el poder. Aitana no lo logra.

Aitana quiso firmar con su nombre la carencia que la dejaba fuera del juego: la imaginación. Aitana posee todo para doblegar a la escritora, y, en términos borgeanos, planear y ejecutar su rebelión doblegando la voluntad de María, pero fracasa. Si el cuento tiene el objetivo de mostrar que el presagio es real, de que la «inteligencia artificial que en mucho responde a los sueños de sus creadores, pero que también se vislumbra amenazante e impredecible» (Zorrilla, 2018, párrafo 9), este cuento no es ejemplo de esto. Aitana no logra erguirse como esa amenaza, tampoco es imprevisible para María.

Cox escribe que el protagonista romántico no puede regresar al mundo del pasado, pero tampoco puede caminar hacia el futuro (1993, p. 159). El estancamiento entre la espada y la pared podría ser librado por la imaginación. El yo de Aitana quedará siempre en esa voluntad-deseo insatisfecha, porque no logrará alcanzar su deseo por la falta de poder creativo que trastoque el mundo social en el que ella funciona. Sin imaginación, no hay redención posible. Parafraseando a Cox, por eso el paralelismo entre Batty y Aitana es antitético; ella no trasciende.

Otras consideraciones

Los tres espacios textuales revelan la configuración del yo de Aitana. En el pódcast, se manifiesta el fracaso respecto al ideal del yo conformado por ficciones que tocan sus sentimientos. En el tablero, el fracaso de su yo social conformado por la realidad: el avance de la inteligencia artificial, sus efectos en la sociedad humana y los problemas de género relacionados con la IA. El movimiento de significado describe una estructura romántica, en tanto se retoma la temática del yo, la subjetividad y la percepción. El texto central es la arena de la lucha por el objeto de deseo. Los tres textos de este cuento transmedia están articulados bajo una perspectiva romántica.

Se esperaría que, al ser una metaficción, el cuento mostrara cómo es el proceso creativo de una IA. Sin embargo, Aitana escribe desde una posición de alter ego de María. La ficción se intensifica al no saber si la IA crea de la misma manera que el humano. Esto se muestra a nivel de recopilación de información con la curaduría, que es lo que deviene en ficción.

La escritora fantasma se enmarca en referencias a la vida cotidiana. Los humanos empleamos agentes artificiales para realizar diversas actividades: ChatGPT, OpenAI, Stability, MidJourney. El uso sostenido y profundo ha creado nuevos problemas en cuanto a los derechos de autor y la existencia autorial, por ejemplo, el caso de Kris Kashtanova, *Zarya of the Dawn* (2022) o la fotografía *The Electrician* de Boris Eldagse (2023). A la vez, el empleo de la IA ha impulsado la economía en la creación nuevos nichos de *marketing* como Aitana López, Emily Valentina y Noonori, todas mujeres.

El cuento se basa en una convención ficcional y un supuesto cultural sobre la insurrección de la IA, planteando que estas puedan adquirir sentimientos, pensamientos y voluntad propia. En este sentido, el cuento replica los valores culturales dominantes;

los replica. El pequeño giro del fracaso se presagia mediante la evocación a Batty, por lo que se mantiene dentro del horizonte cultural de lo esperado.

«Ermitaños», espacio de metamorfosis citadina

Ermitaños (2019) es una narración transmedia de no ficción mexicana dirigida por Daniela Uribe, producida por Folks Studios con apoyo de PROCINE y finalista del festival FINOFF 2020. El proyecto tuvo el objetivo de exponer la historia del edificio Ermita desde su nacimiento al 2019. *Ermitaños* se forma de tres espacios textuales: una página web interactiva que funge de marco narrativo, una cuenta en Instagram y un documental.

La página web es un documental interactivo del Ermita de 1868 a 2019 compuesto por un menú con cinco botones: la bienvenida, la mudanza, descansa, chatea, el *tour* y la película. La bienvenida posee la descripción del proyecto; la mudanza es un juego en el que el lector es el nuevo inquilino del Ermita y debe amueblar su habitación con un presupuesto de 10 mil pesos. En el descanso el lector tiene la opción de elegir entre conocer a sus vecinos, lo cual lo dirige al chat, o conocer el edificio, que lo lleva al botón de tour. El tour del edificio se forma de seis pisos cada uno es una caja contenedora. El piso 1 es la historia de la familia Mier y Pesado propietaria del inmueble. El piso 2 es la biografía del arquitecto del edificio, Juan Segura Gutiérrez. El piso 3 es la estructura del edificio con un tour en 360 grados de los tres niveles de habitaciones unipersonales. El piso 4 presenta un mapa interactivo de Tacubaya; el piso 5, un mapa sonoro del edificio y su perímetro; y el sexto piso es un archivo digital vinculado a Instagram. El último botón es el documental sobre los jóvenes entre 25 y 37 años que habitaban el Ermita, en sus tres tipos de alojamiento: tipo A (grande (una persona entrevistada), tipo B (una persona entrevistada) y tipo C unipersonales (seis personas entrevistadas). La página web a la vez que abraza a los otros cuerpos textuales, dirige al lector a ellos. La NT emplea un código de color: el pasado histórico se presenta en blanco y negro con fotos en sepia y las referencias a la actualidad con diferentes colores. El estilo del proyecto replica el *art decó* del edificio, creando una conexión directa con él.

Cada uno de estos espacios enfoca, desde diferente perspectiva, la relación entre los inquilinos de los departamentos y el edificio. Ellos se metamorfosean al Ermita, ya que son «ermitaños»; el edificio, a su vez, se antropomorfiza, adquiriendo el carácter de amante en la red social. La metamorfosis refleja un proceso de apropiación del espacio enriquecido con la historia del edificio.

Resultados

Movilidad social. El Ermita ha sido un agente de movilidad social en la zona. Históricamente, el edificio marcó el término de la Tacubaya del siglo XIX y el surgimiento de una nueva clase social a la que el Ermita abrió sus puertas: la clase media. Estas personas no podían tener una casa de campo, pero sí vivir cerca de ellas. Además, la renta de locales reafirmó la presencia de la clase media en la zona.

También hubo otra movilidad social, la de los migrantes que se asentaron a las afueras de las casonas, creando otra cara de Tacubaya: la pobre. La cultura en esa zona se manifestó claramente por la presencia de grupos dominantes como Los Panchitos, que se mencionan en el mapa interactivo. Tacubaya quedó caracterizada en la memoria como un área peligrosa, con alto tráfico de droga, pobre, en hacinamiento, falta de servicios, baja calidad de viviendas y un paisaje lingüístico sui generis, en el que se cambian palabras por otras según suenen y tengan sentido. Tal como, «defectuoso» o «vaya, vaya Tacubaya…», que la NT recoge.

El Ermita estaba distante y alejado de esa cultura «ñera», ahora quizá «chaira», y ellos de los «fifís» o de la clase media «aspiracionista». Sin embargo, la mancha urbana ha acercado las caras de Tacubaya. Los inquilinos expresaron que el Ermita era habitado por diferentes personas: los nativos digitales (que trabajan desde casa en línea), los que trabajan por proyectos, los que trabajan por contrato permanente, los que subarriendan su departamento por fines de semana y las servidoras sexuales.

Aun así, cuando parecía que los mundos en Tacubaya dominaban el espacio del Ermita, algunos habitantes siguen apreciándolo como un espacio diferente. Una de las entrevistadas manifestó que sale a caminar por el «barrio amable», más próximo a la Condesa, Chapultepec y Escandón que al centro de Tacubaya y Observatorio. Otro ejemplo es la fotografía *Contrastes* (@lot_balam) para referirse al vendedor ambulante frente al Ermita. Los contrastes también los posee las caras del edificio: el de la Av. Reforma, más estético, frente al de la Av. Jalisco, con vendedores ambulantes y fachadas en estado de abandono. Recorrer las calles muestra un panorama no uniforme, como el que se presenta en el mapa interactivo.

El enigma de la soledad. Ermitaños guarda relación temática con el cortometraje *Cuarteto del fin del tiempo* (1983). Resalto tres aspectos en contacto entre las dos cintas: la presencia de animales, el dominio del mundo interno sobre el externo y la soledad. En el documental, el cangrejo ermitaño se utiliza como alegoría de los habitantes del Ermita que se hacen llamar ermitaños. La función del caparazón, en el sentido de protección, se amplía más en el cortometraje. El protagonista decide llamar a su tortuga Bartlebly, tomando el nombre del personaje de Herman Melville. Y, como él, la tortuga contamina el ambiente con un sentimiento inexplicable. La función del caparazón es una protección «ante los riesgos de la vida», razón por la cual el hombre pica al pez y después lo mata, quiere comprobar si tiene alguna protección ante su ataque. La escena en la que el hombre es interceptado por su vecino muestra que el protagonista sintió el ataque del mundo exterior y se escondió, como la tortuga, dentro de su departamento. Este funge como coraza, al igual que el cangrejo ermitaño, son espacios vitales para los inquilinos.

En ambas cintas hay una exclusión del mundo externo al edificio y apartamentos, con un enfoque total en el mundo interno de los habitantes. En la NT, las referencias al mundo externo son cuestiones históricas, se prioriza el mundo interno del Ermita. El protagonista del cortometraje decide aislarse en su caparazón/departamento, aunque lo buscaban del mundo externo; él se mantiene en resguardo. El hombre se ve a sí mismo recorriendo las calles, como otro, pero no es más que una fantasmagoría de su mente; sale a la azotea, en la que el juego de luz lo hace parecer un espectro.

El ser un soltero que habita en un espacio unipersonal se confunde y se intercambia de manera ambigua con el de soledad y ser ermitaño. Es probable que esta ambigüedad provenga de las diferentes connotaciones de cada inquilino y el equipo del proyecto. Todos los entrevistados eran solteros, pero no vivían en soledad; en @Ermitaños se aprecia la vida social activa de muchos. La soledad y soltería de la NT no logran la profundidad con la que se trata el tema en el cortometraje. El protagonista, en el corto, es inaccesible, replicando de esta forma el comportamiento hermético de *Bartleby* y las pinturas de Modigliani en su habitación. Aunque el mundo interno es retratado a su máxima expresión, es inaccesible. No hay ojos en el protagonista, sino cavidades en su rostro, delineadas por «hoy desperté deprimido» y «hoy desperté de buen humor».

Las señales a lo largo del corto, tales como el asesinato del pez, el título de la pieza musical, los globos, apuntan al suicidio del protagonista, justamente después de anunciar que había despertado de buen humor. La ventana tiene una carga de significado porque funge como espacio de transición entre lo interno y lo externo, y viceversa. Cuando el protagonista se arroja de su caparazón por la ventana, no cae, sino que se eleva hasta un fundido en blanco. El salir del caparazón también lo experimentaron los ermitaños al ser desalojados por la remodelación del edificio. El derrumbe del cine Ermita, a un costado del edificio, fue el presagio de un cambio. El mundo que ellos habitaban en el Ermita desapareció, tal como vieron desaparecer el cine.

La metamorfosis en la apropiación del espacio y el flujo de sentido

El movimiento de significado a nivel narrativo en *Ermitaños* manifiesta la *mythoi* de invierno, ya que asistimos a complejidades de la existencia de los habitantes del Ermita: entre el pasado del edificio y el presente de los habitantes; entre su realidad y los deseos de sus padres; entre los objetivos materiales y los personales; entre ser solteros y estar solos; entre su personalidad y el edificio. Los testimonios recogidos en el documental y en @Ermitaños ofrecen explicaciones sociales, económicas y personales sobre el vivir solo, tener mascotas y las expectativas de pareja. Estas explicaciones reducen, en palabras de Frye, el sentido trágico de la carencia; de esta forma, al neutralizarla, se convierte en algo que puede evitarse.

A nivel de la experiencia, la NT incluye la participación de la audiencia. La cuenta @Ermitaños en Instagram sirve como medio de difusión, archivo digital y mantiene interacción con el público. De 1117 publicaciones, solo cinco son de contenido derivado del NT: el meme de Batman fuera del Ermita, el meme «Te vi en *Ermitaños*», la recreación del protagonista del cortometraje en la bañera, el poema al Ermita y los juegos visuales del Ermita (cangrejo ermitaño, barco, nave nodriza). En la página web, la audiencia se considera un personaje, pues adopta el punto de vista impuesto del noveno inquilino. Esto se debe al objetivo del proyecto: que el lector recorra y conozca el edificio desde ese rol. El edificio también adopta el estatus de personaje por la metamorfosis a la que sus inquilinos lo someten. La intensidad afectiva no está en relación con el esquema de la NT, sino con la afectividad de los lectores hacia el edificio.

A nivel de la audiencia, la NT está dirigida a un público general interesado en los relatos de ciudad. A nivel del modelo, es una producción independiente que inició como proyecto de maestría en Artes Visuales y, posteriormente, contó con apoyo del Fideicomiso para la Promoción y Desarrollo del Cine Mexicano (Procine), con el que se hizo transmedia.

Los hallazgos del análisis permiten identificar el movimiento de significado de una plataforma a otra, en el que se aprecia la metamorfosis del edificio y de sus habitantes. La transformación de los protagonistas se debe al mecanismo de apropiación del edificio.

Identidades fijas. En la página interactiva, el edificio se valora por su construcción histórica y los inquilinos son habitantes de un departamento; las identidades corresponden a los actores, es decir, A es A y B es B. Valera (1996) escribe que un espacio es un aglutinador de significados. Por consiguiente, el edificio Ermita une dos elementos por lo que es reconocido: el lugar y el nombre. Primero, reemplazó un portal que ya era reconocido en Tacubaya con el nombre de «arco del triunfo», que era el acceso a la casa de campo de los Mier (Fierro, 2014, párrafo 11). La fachada de estilo romano era un lugar identificable por los lugareños. La cuchilla que formaba era un lugar muy transitado, bullicioso, de transporte y comercio. A pesar de que el edificio no tiene semejanza estética con el estilo romano, el uso de arcos en la arquitectura del Ermita reforzó la relación de identidad con el de los Mier. El uso del arco y del espacio absorbió el punto de referencia, o, en términos espaciales, es un mojón y un nodo, porque las vías se transformaron en unas de las avenidas con mayor tránsito: Revolución y Jalisco.

Al edificio también se le aglutinó el nombre. Rafael Fierro documenta que existía una capilla llamada Ermita del Calvario (2014, párrafo 9) que daba nombre a la calle, ahora Av. Revolución (párrafo 12). El edificio adquirió de ahí su nombre por desplazamiento metonímico. Es probable que esto se debiera a la necesidad de identificar el inmueble espacialmente. Así, la ermita (calle y construcción) fueron absorbidas en el Ermita. El edificio quedó fijado en la mente de sus pobladores por el mojón que había sido el arco de los Mier y por su referencia a la calle. El edificio en la década de 1930 contrastaba de varias maneras. Primero, el Ermita era una edificación que sobresalía en el paisaje de casas de una sola planta, por el uso de materiales y el estilo. En la construcción del Ermita, Segura optó por formas extranjeras, como la construcción americana vertical y materiales de acero y concreto (ver Lozada, 2004, pp.106-107). En la construcción del Ermita, Segura optó por formas extranjeras, como la construcción americana vertical y materiales de acero y concreto. El edificio no fue bien recibido: «[es] afrentoso como un hachazo de concreto en la recoleta tranquilidad de Tacubaya» (Fernández del Castillo, 1946, p. 203). El edificio se veía más alto por el uso de los remates horizontales (Alejandro Leal en Mendía, 2016) y la disposición vertical de ventanas y líneas sobrepuestas. El Ermita era la manifestación física de una realidad que ya estaba ahí desde 1929.

En segundo lugar, en los espacios textuales del documental e Instagram se enfatiza la idea del art déco. Aunque el empleo de este estilo en el edificio era disonante respecto a su entorno, Segura tampoco lo abrazó del todo. Enrique de Anda señala que Segura no replicó ese estilo, «no cedió ante la plástica de otras latitudes, sino que lo integró a un vocabulario arquitectónico propio y original» (De Anda, 1990, p. 119). El estilo no se aprecia en toda su expresión en el Ermita; es más sobrio que exuberante.

Además, en tercer lugar, el edificio fue construido para generar ganancias no con fines estéticos. Carlos González comenta que la estrategia de Segura fue colocar a los extremos de la propiedad de los Mier, las viviendas y comercios con el Isabel y el Ermita, para aumentar la plusvalía del área central (entrevistado en Leal, 2005). El Ermita atendía las necesidades de un nicho poblacional en constante movimiento, que migraba de la provincia a la ciudad o de extranjeros acostumbrados a vivir en departamentos. La condición del edificio seleccionaba el perfil de sus huéspedes. Había un vitral en el domo de las habitaciones unipersonales hecho por Diego Rivera, desmontado tras los sismos. También el pintor había diseñado las coladeras. El edificio contaba con un elevador Otis con su respectivo operador, una lavandería para los inquilinos, muebles de diseño para maximizar el uso del espacio en los unipersonales. Además, el cine Hipódromo fue el primero en la Ciudad de México en contar con equipo sonoro y cobraba la entrada en más de la mitad del salario mínimo diario (Leal, 2005). Es decir, el Ermita brindaba las comodidades de la modernidad y atendía las necesidades de un usuario específico en ese momento histórico en que hubo una explosión demográfica en la Ciudad de México. Según Marco Villa, la renta mensual iba de los 35 a 120 pesos (Villa, 2024, p. 73). En 2019, la renta mensual era de 4500, la Fundación pedía un ingreso mensual de 15 mil pesos. De acuerdo con el INEGI (2021), este ingreso pertenece a la población de clase media baja en zonas urbanas. Por lo tanto, el Ermita ha sido ideal para los jóvenes que inician su vida independiente. A partir de la década de 1990, esa zona, junto con la Condesa, comenzó a repoblarse de jóvenes y personas solteras (Felipe Leal en Mendía, 2016) en busca de calidad de vida y precios de renta accesibles. Con esta revisión histórica, el énfasis que se hace en los espacios textuales de la narración sobre que el Ermita se adelantó a su época parece incorrecto. El usuario del Ermita ha cambiado, no así sus necesidades, que se mantienen.

En el espacio textual de Instagram, se reitera la identificación del edificio como el icónico, emblemático, legendario, joya de Tacubaya, entre otros.

Acción transformación. Ahora bien, de acuerdo con Enric Pol (2002), la apropiación es un proceso transversal entre la conducta territorial y la construcción de un espacio personal (p. 125). En este sentido, la apropiación es dual: se compone de la acción-transformación, que es el componente comportamental, y la identificación simbólica, que es la construcción del espacio personal. La acción-transformación se define por la conducta territorial, el marcaje de territorio y la densidad de población (Pol, 1996, p. 53). La persona o colectividad solo se apropia de algo con lo que se identifica y transforma el espacio por su acción en el entorno, dejando su impronta (Pol, 2002, p. 124). En la página web, se inicia el recorrido por el Ermita invitando al lector a ejercer esta acción-transformación en la elección de mobiliario según un presupuesto; esto es un ejercicio de marcaje territorial.

En el documental, la acción-transformación es visible en cómo se marcan las áreas del departamento. Algunos cambian la cama al corredor, otros aprovechan el espacio con muebles multifuncionales: una cama-clóset, una cama-sofá, muebles modulares de madera; algunos más mantienen la disposición inicial. Una vez que el habitante ha marcado su lugar, está en las entrañas del edificio, y este comienza a adquirir vida. El edificio brinda la sensación de vida por el movimiento: la escalinata de caracol, el domo de vitral, la entrada de piedra del cine (vetas), una serie de arcos.

El movimiento de líneas y el apego al lugar provocan una transformación prosopopéyica del edificio. Algunos comentarios recopilados en @Ermitaños: «Ahí todo guapo entre los árboles» (@giovanna_maple), «you keep me under your spell» (@dany_arcr 2), «amo todos tus rincones» (@bpurple2_7182 2), «mi alma respira en tus brazos» (@elmiguelfarfan 1), «edificio Ermita que amo» por el hombre/mujer que amo. El apego de la persona hacia el espacio lo empuja a transformarse, al grado de que se perciba al edificio como si fuera una persona, «dibujaré mil veces este edificio» (@once_monse) de esa forma se replica la escritura del nombre del amante hasta hacer aparecer el ensueño en la realidad. Un usuario refiere al Ermita, «l'esprit des lieux et les mises en abîme» (@luisolafdellago), la aparición del espíritu del edificio que se ha formado a lo largo de la historia genera una sensación de caída al vacío porque la persona se ve replicada, no una persona singular, sino la persona en general habitando ese espacio en retroceso hasta 1934. La pérdida de la identidad singular del habitante hace que el edificio refuerce su identidad inmortal. En el poema que dedica @krystalcariad al Ermita y en la fotografía de una ventana del edificio con la etiqueta «More Windows to More Past» (@vicbarret), el edificio absorbe todas las manifestaciones de acción-transformación; se quedan las huellas de sus habitantes en las paredes, en los vidrios, en las puertas. Podría leerse, en el comentario del usuario que compara el edificio Ermita con el hotel ficticio Overlook: *seguro espantan machín, la energía que se siente es fuerte [...]* (@torresblancodm), una insinuación de que las huellas dejadas por los habitantes son capaces de influir en la personalidad de los inquilinos actuales, tal como ocurre en la novela o película. Este planteamiento también lo aborda la directora en el documental: ¿son los arrendatarios los que deciden vivir solteros o estar en el Ermita los hace estar solteros?

Construcción espacial. Pol escribe que la construcción del espacio se crea porque la persona incorpora a este sus procesos afectivos, cognitivos e interactivos (2002, p. 124), creando una identidad simbólica. Ellos adoptan la identidad que les da el edificio que es antiguo, conocido, bien ubicado geográfica y socialmente, peleado por sus rentas módicas. Ellos se convierten así en los ermitaños.

A nivel afectivo, uno de los entrevistados expresó que, cuando sea anciano, será el vagabundo del Ermita. Se aprecia el apego afectivo al edificio y agregó que vivir allí es un *estilo de vida que no podríamos pagar en otro lugar.*

A nivel cognitivo, se observa la categorización del espacio unipersonal: la apropiación indica la prioridad de las personas: trabajo, descanso o socializar. A nivel de interacción, se aprecia la formación de un nosotros y otros: los que pertenecen al chat y los que no, por el tipo de trabajo o por su relación con la «vida tradicional», con la que constantemente se comparan.

La personalización de espacios demarca el yo de lo otro. El espectador intuye la personalidad del entrevistado por los objetos que tiene en su departamento. En @Ermitaños, una inquilina escribe que le dijeron de su departamento: «"Es muy tú" y cada vez que escuchaba eso, llegaba una voz a mi cabeza que decía «lo hiciste bien». Lo hice tan mío que nunca me había costado tanto desprenderme de un lugar» (@dany_arcr). Ella ha logrado mantener una continuidad de su propia identidad en su departamento, al grado que sería fácil confundir quién es ella, si el departamento o la persona, o quién influye a quién. Ya no es el Ermita el que le fija la identidad, sino ella quien lo transforma y se proyecta en él. En contraposición, una entrevistada afirma que en el Ermita fue «donde aprendí a ser yo» (@bpurple2_7182). Esto apunta a un proceso de autodescubrimiento.

Otras consideraciones

En *Ermitaños* se observó un movimiento de significado elíptico, ya que los espacios textuales giraron en torno al Ermita como centro de gravedad. El movimiento dibujó un proceso de metamorfosis a partir del cual los habitantes se apropiaron de su espacio. A pesar de que cada espacio textual tuvo un fin específico, la metamorfosis se presentó imbricada en los tres. En un primer momento, el edificio es el edificio; en un segundo momento, el edificio comenzó a mutar por la acción-transformación de los habitantes, quienes realizaron un marcaje territorial. En un tercer momento, ocurrió la identificación simbólica, en la que los habitantes establecieron una continuidad de su identidad en el espacio. Este análisis se enriqueció con datos históricos y arquitectónicos que no están incluidos en la NT. Con el documental se cierra un ciclo del Ermita porque coincide con el desalojo de los habitantes para su restauración. Tras la renovación del edificio, la renta se triplicó a 14 900 pesos por el departamento unipersonal. Creo que el Ermita, en su centenario, ha recuperado el estatus que tenía inicialmente, seleccionando, como al principio, a sus ermitaños. Sin duda, hoy, como ayer, «lo contemporáneo se localiza en la prosperidad económica» (Lozada, 2004, p. 115). Por lo que ahora la identificación será más firme de manera afectiva y socioeconómica. La relación que el texto establece con sus lectores es empática hacia los inquilinos, didáctica hacia el lector y abierta a los comentarios de cada seguidor. La población más familiarizada con el tema es la juventud de la Ciudad de México. Existen temas ausentes en el documental y en la página web que se recuperan en Instagram, o temas de agenda presentes en un espacio textual específico. En general, por el enfoque del proyecto, se carece de la opinión de un arquitecto, historiador, sociólogo, personal de la Fundación, arrendatarios de locales y de los transeúntes.

Existen elementos metatextuales como reseñas y notas periodísticas que tienen el objetivo de dar a conocer *Ermitaños* y promoverlo; pero no hay una crítica a la NT. Tacubaya se presenta sin bordes ni sobrebordes sociales. La exclusión del mundo externo actual crea la sensación de que los habitantes están recortados y puestos ahí, flotando en un espacio interno e indeterminado.

Cierre

Este capítulo presentó la aplicación de la herramienta analítica planteada por Chandler en un texto de ficción y no ficción transmedia. Este estudio se distingue del resto porque aborda una producción que emana de la academia y no de un monopolio del entretenimiento. El significado ostentado por los relatos centrales no se reafirmó al pasar por otros, sino que se extendió y adquirió su unicidad al apreciarlos juntos. El primer análisis de la NT de ficción permitió observar que el significado se movía en forma de estrella, irradiando entre las plataformas con una estructura romántica entre el anhelo, el espejo y la realidad. En el segundo análisis de NT de no ficción, el movimiento fue elíptico sobre el edificio, que se le vio desde diferentes caras bajo un mismo proceso de metamorfosis: arrendatarios, historia, audiencia.

Estoy segura de que el análisis continuo de estos artefactos transmedia puede arrojar luz sobre los patrones en los que se mueve el significado de los espacios textuales. Otros ejemplos de movimiento de significado encontrados, pero no agregados a este capítulo, fueron el oscilatorio en la NT de no ficción *Canónicas*, en el que se aprecia la repetición y la varianza entre el pódcast, los *Penny Dreadful Pods* y X (antes Twitter). Otro movimiento encontrado fue el espiral en *Plot 28*, que inicia disparado en la página web para dispersarse en diferentes espacios textuales: novela, documentales, blogs, etc., creando un universo de ficción.

Referencias

Cox, N. J. (1993). «Romantic Redefinitions of the Tragic» en G. Gillespie (Ed.). *Romantic Drama. A comparative History of Literatures in European Languages.* (pp. 153-165). John Benjamins Publishing. De Anda, Enrique X. (1990). *Arquitectura de la Revolución Mexicana.* UNAM, Instituto de Investigaciones Estéticas. Recuperado por Lozada León, G. (2004). p. 110.

Fernández del Castillo, A. (1946). Tacubaya, *México en el tiempo. El marco de la capital.* Talleres Excelsior. Recuperado por Lozada León, G. (2004). p. 110

Fierro Gossman, R. (2014). La casa en Tacubaya de la familiar Mier y Celis-Pesado, *Grandes casas de México.* https://grandescasasdemexico.blogspot.com/2014/02/la-casa-en-tacubaya-de-la-familia-mier.html.

Galán Díez, I. (2013). *El romanticismo y sus mutaciones actuales.* Dykinson.

INEGI. (2021). *Cuantificando la clase media en México 2010-2020.* https://www.inegi.org.mx/investigacion/cmedia/.

Kickpatrick, S. (1991). *Las románticas.* Trad. Amaia Bárcena. Cátedra.

Lacan, J. (2009). *Escritos 1.* Trad. Tomas Segovia y Armando Suárez. Siglo XXI.

Lozada León, G. (2004). «Tacubaya a la llegada de la Modernidad» en C. Maldonado (Ed.). *Tacubaya, pasado y presente III* (pp. 105-118). Yehuetlatolli.

Mendía, G. (agosto 30 de 2016). *Edificio Ermita nuevos modos de habitar,* Espacios- Programa 4. TV UNAM. https://tv.unam.mx/page/2/?s=Espacios.

Pol, E. (1996). «La apropiación del espacio» en L. Íñiguez y E. Pol (Eds.). *Cognición, representación y apropiación del espacio*. (pp. 45-62). Universitat de Barcelona.

Pol, E. (2002). «El modelo dual de la apropiación del espacio» en R. García-Mira, J. M. Sabucedo y J. Romay (Eds.). *Psicología y medio ambiente. Aspectos psicosociales, educativos y metodológicos* (pp. 123-132). Asociación Galega de Estudios e Investigacion Psicosocial-Publiedisa.

Uribe, D. (2019). *Ermitaños*. PROCINE.

Valera, S. (1996). «Análisis de los aspectos simbólicos del espacio urbano. Perspectivas desde la Psicología Ambiental». *Revista de Psicología Universitas Tarraconensis*. 18(1), 63-84.

Villa, M. A. (2024). «El edificio Ermita y nuevas formas de habitar la ciudad». *Relatos e Historia en México*. XVI, (189), 72-73.

Zorrilla, M. L. (2020). «La escritora fantasma: un relato transmedia». *Revista Digital Universitaria, 21*(1). DOI:http://doi.org/10.22201/codeic.16076079e.2020.v21n1.a6.

De Instagram

Barret, V. [@vicbarret]. (18 de nov. de 2016). More Windows to More Past, https://www.instagram.com/p/CIqw_ORjXWv/.

Arroyo, D. [@dany_arcr]. (22 de mayo de 2020). You keep me under your spell…🐾, https://www.instagram.com/p/CAgAiDPDaqH/.

Sales, A. [@bpurple2_7182]. 2 (19 de junio de 2020). Amo todos tus rincones, https://www.instagram.com/p/CBoyzwujLLt/.

Arroyo, D. [@dany_arcr]. (14 de julio de 2020). Hace muchos años mi hermano vivió en el Edificio Ermita, recuerdo que cuando conocí el edificio decreté que, https://www.instagram.com/p/CCpU71Fj2eh/.

García, R. [@rogeliopinto]. (22 de noviembre de 2020), Nocturno encuentro en el #EdificioErmita, https://www.instagram.com/p/CH62M-pDb2g/.

Sales, A. [@bpurple2_7182]. (17 de marzo de 2021). A 6 meses de salir del hermoso Ermita que fue mi hogar por 5 años y donde aprendí a ser yo. https://www.instagram.com/p/CMi-GI4QD_jG/.

Cariad, K. [@krystalcariad]. (22 de abril de 2021). Ermitaños. Ella mostró un edificio dorado Ellos abrazaron lo desconocido En lo pequeño habitaron la inmensidad era lo que, https://www.instagram.com/p/CN_rPg-DH-L/.

Torres, B. [@torresblancodm]. (4 de mayo de 2021). Es un verdadero placer entrar en este lugar. Seguro espantan machín, la energía que se siente es fuerte pero el inmueble, https://www.instagram.com/p/COdHqjNjzOW/.

Olaf, L. [@luisolafdellago]. (1 de mayo de 2021). L'esprit des lieux et les mises en abîme, https://www.instagram.com/p/COWClzJjQwu/.

Kazz, E. [@ethankazz]. (10 de junio de 2021). Edificio Ermita. Tacubaya CDMX. El paralelismo de la decadencia de Gotham City y el de los antiguos barrios de la CDMX, el Art Deco de Tacubaya, https://www.instagram.com/p/CQBylKHDb3U/.

Montse. [@once_monse]. (15 de agosto de 2021). Edificio Ermita Icono de Av. Revolución. Dibujare mil veces este edificio, https://www.instagram.com/p/CSnNJuor010/.

Farfán, M. [@elmiguelfarfan]. 1 (19 de mayo de 2023). Mi alma respira en tus brazos, https://www.instagram.com/p/CsbZrQ6q2N4/.

V

De las narrativas transmedia, la translectura y la construcción del intertexto

Se puede inferir que a una narración transmedia (NT) corresponde una literacidad transmedia. Scolari (2018) empleó el término de literacidad transmedia para referirse a un conjunto de habilidades, prácticas, valores, sensibilidades y estrategias de aprendizaje e intercambio desarrolladas y aplicadas en el contexto de las nuevas culturas colaborativas (p. 3). Al año siguiente, Scolari (2019) diferenciaba entre alfabetización y alfabetismo transmedia por el contexto. El autor consideró que alfabetismo transmedia era un sustantivo, un conjunto de competencias que aprende el sujeto en contextos formales e informales, mientras que la alfabetización transmedia era un verbo, compuesto de competencias traídas a un entorno educativo formal. Si la literacidad o alfabet-ismo/-ización transmedia se basa en el contexto y en su desplazamiento formal-informal, y viceversa, en el que se desarrollan y aplican competencias, entonces no es más que la literacidad de información con el nombre de transmedia.

Expliquemos. Desde la década de 1980 surgió la corriente de los Nuevos estudios de literacidades (New Literacies Studies), que postulaban que la literacidad, además de ser funcional, saber leer y escribir, era un conjunto de competencias ligadas a las prácticas sociales. Paul Gee escribió: [...] *if... you want to ask questions about literacy, don't look at reading and writing in themselves, but as they are embedded within specific social practices [...] and technologies, and like all technologies they have no effects in and of themselves, but only specific effects as they mediate different activities within different social practices* (2002, p. 160).

Esta es la razón por la que hay tantas alfabetizaciones: económica, bancaria, de salud, digital, etc., porque la lectura y escritura implican el conocimiento de diferentes contextos sociales y de ser dentro de la sociedad. El grado de literacidad de una persona depende de en qué contextos desarrolle su existencia y qué tan involucrado está en ellos. Así, la literacidad no solo es funcional, sino también crítica y sociocultural. Si la literacidad/alfabet-ismo, -ización transmedia se basa en los desplazamientos del lector en diferentes contextos, no es más que la reafirmación de la literacidad que se crea a lo largo de estos. Esta es la labor de la transliteracidad, la cual es la dupla de literacidad de información y de herramientas de información que ayudan a la adaptación de prácticas dentro y a lo largo de sistemas de información (Hovious, 2018, p. 10). La definición provista por Scolari lleva a las narraciones transmedia a un callejón sin salida, ya que deja de lado la variedad de textos y el entorno bajo el cual se entretejen. Esto se debe, en parte, a que las definiciones ofrecidas surgen del contexto del proyecto Horizon 2020, que se centró en delinear las habilidades de los jóvenes. Lo importante de la definición de literacidad transmedia es que de información y las habilidades de uso de las herramientas de información (tecnología) que debe poseer el lector.

Francisco Albarello ofrece una definición de lectura transmedia: «Lectura inclusiva, multimodal, diversa, de todo tipo de
textos y soportes que a su vez se mezcla o hibrida con las prácticas
de producción o prosumo del lector» (2019, p. 127). Este autor
recupera la variedad de textos y la circulación de contenido
que motivan al lector a convertirse en productor e hibridar sus
lecturas. Por una parte, se vuelve a apuntar sobre la literacidad
de información y medios en la mención de diferentes prácticas,
textos y soportes.

Por otra parte, el tipo de lectura mencionada (inclusiva, multimodal y diversa), que se mezcla con prácticas de la circulación
de información (consumo-producción), es algo característico del
proceso lector, no es particular del alfabet-ismo, -ización o lectura
transmedia. Aterrizando esta discusión en el análisis del capítulo
anterior, si la guía propuesta por Daniel Chandler se puede aplicar tanto a un texto como a muchos textos que componen un
artefacto transmedia, ¿entonces dónde está el quid de las NT?
A tal efecto, la pregunta de cajón surge: ¿por qué maquillar y
adornar un concepto que ya existe para hacerlo pasar por otro
novedoso? O, ¿habrá habilidades lectoras específicas de las NT?

Crear y construir un significado a través de diferentes textos no es algo exclusivo de las NT. Lo es desde un enfoque del
autor hacia su texto, sobre la creación, organización y diseño de
diferentes textos para formar un entorno diverso y unitario. En
cambio, desde el enfoque lector, la creación y construcción de
significado de un conjunto de diferentes textos dados por alguien
o seleccionados por el mismo lector es una labor de siempre
que requiere cada vez más atención por parte de la academia.
Por consiguiente, con el término de translectura hago referencia

al proceso lector de construir un modelo mental integrado de vínculos entre diferentes textos que se apoya en metaestrategias. Considero que la diferencia del proceso lector de un texto individual a un conjunto de textos estriba en el grado de complejidad y esfuerzo cognitivo, tal como lo señalan Mahlow, Artelt y Schoor (2020); Schoor (2020); Cromley (2021); Magliano *et al.* (2013, 2017). Decepciono al lector si pretende encontrar una lista sucinta de habilidades innovadoras; no las hay. En cambio, relaciono la translectura con el proceso cognitivo del lector explicado por el Modelo de Documentos Múltiples (MD) y las metaestrategias para crear conexiones entre la interdiscursividad de los textos y el intertexto lector, en el que se construye un modelo integrado de un racimo de textos diferentes. En este sentido, creo que el enfoque de MD puede ayudar a comprender cómo funciona desde una perspectiva cognitiva el procesamiento de diferentes textos, qué tareas y retos implica.

En el primer apartado se establecen las relaciones entre los temas clave: translectura, intertexto y MD. En el segundo apartado se explica el MD y su correspondencia con las habilidades en el marco de alfabetización mediática e informacional de la UNESCO (AMI). En el tercer apartado se abordan las metaestrategias que se requieren para este tipo de entornos transmedia.

La translectura: la intertextualidad del texto y el intertexto del lector

Con el término *translectura* englobo tanto a la lectura transversal como a la lectura de narraciones transmedia. Tras lo expuesto en este manuscrito, la translectura se centra en la creación de un hilo conductor que atraviesa fronteras intra/inter semióticas, ya sea en artefactos que crean un mundo transmedia de diseño original de ficción y no ficción, como en aquellos que el lector entreteje, creando un entorno transmedia de ellos. Me apoyo en la definición que manifestó Scolari (2016) del *translector*, a quien limitó a las narraciones de ficción transmedia

> *es un lector multimodal que debe dominar diferentes lenguajes y sistemas semióticos… se mueve en una red textual compleja formada por piezas textuales de todo tipo y es capaz de procesar una narrativa que, como una serpiente, zigzaguea entre diferentes medios y plataformas de comunicación… se deben agregar las competencias (pos)productivas… basadas en la lógica de apropiación…, hibridación y reapropiación* (pp. 181-182).

La translectura no es una lectura extensiva versus una lectura intensiva o profunda contra una superficial. Se trata de que el lector represente un significado particular con base en la interconexión entre el contenido de los textos y sus fuentes. Esta interconexión tiene relación con la intertextualidad, con algunas precisiones. Primero, la intertextualidad tiene diferentes connotaciones dependiendo del campo desde el cual se le mire: si se enfoca desde la teoría literaria, la intertextualidad refleja las circunstancias materiales del texto, los hipotextos e hipertextos; cuando el enfoque es desde la psicología cognitiva, refleja al lector y al autor; y cuando la perspectiva es de la lingüística y sociolingüística, se revela el contexto (Hartman, 2004, p. 366).

Segundo, a partir de esto, el enfoque de este capítulo se centra en el lector, por lo que echaremos mano para explicar cómo se analiza y se teje la red de textos desde la psicología cognitiva y los estudios de recepción, que son parte de los estudios literarios centrados en el lector. La primera nos ayudará a comprender cómo se lleva a cabo el procesamiento de información y la creación de modelos; mientras que, desde la estética de recepción, se arroja luz sobre la importancia de los nodos y predicados de intertexto.

Tercero, al centrarnos en la labor del lector, la intertextualidad se emplea para mantener relaciones transtextuales. El significado potencial de cada texto descansa no solo en las relaciones de ese texto con el sistema de textos con el cual puede estar yuxtapuesto (Bloome y Hong, 2012, p. 3), sino en la significación particular que el lector dota a ese conjunto de textos. No basta que el lector pueda tener competencia para identificar y acceder a los vínculos que tiene el texto (intertextualidad explícita), sino que también debe reconocer la intertextualidad implícita y, además, la inferida, como menciona Pope (2022, p. 246). En este juego, hay un alto grado de sesgo que puede torcer el significado de los textos y caer en una sobreinterpretación o mala interpretación. Esta fue una crítica recurrente de Paul de Man a los posestructuralistas y una advertencia de Allen, ya que, si la intertextualidad implica la pluralidad, la proliferación y la significación infinita, entonces *every mode of reading intertextuality has to betray it, in the sense of containing and reducing it* (2021, p. 231), y modificarla.

Cuarto, me referiré a intertextualidad en el sentido general de los diferentes mecanismos en que los textos están relacionados, con interdiscursividad al aparato crítico de un texto con el que mantiene cierto tipo de relaciones y con *intertexto* únicamente a la representación mental del lector que forma en el proceso de lectura, es decir, la lectura como un proceso intertextual.

Recordando a Iser, la lectura es una búsqueda activa de sentido, no es una actividad pasiva o «poco participativa» en términos
de la cultura de participación, todo lo contrario. El proceso lector
requiere una participación y coparticipación del lector; este, al
decodificar el texto, lo reconstruye en su mente creando una
representación situacional o modelo mental sobre el cual trazará
vínculos a otros contenidos y autores. Dependiendo del tipo de
lectura (entretenimiento, resolución de problemas, información,
etc.), será el nivel de compromiso lector con el texto. En este
texto, la lectura es con fines académicos, en los que se pretende
obtener un beneficio y, además, una lectura que se basa en la
resolución de un problema. Es decir, lectores que deben resolver
un problema o atender una necesidad mediante la lectura.

Ahora bien, un texto se produce en un horizonte de referencias, influencias y contextos histórico-socioculturales del autor
que lo escribe. Cuando ese texto llega a un lector, Kintsch y Van
Dijk (1983) explicaron que él accede al significado básico, ayudado
por sus conocimientos lingüísticos; a esto lo llamaron una forma
superficial. El lector construye un significado del texto en sí mismo,
o texto base, en el que muchas veces se centran las preguntas de
comprensión, el reconocimiento del «qué» del texto; y finalmente, el lector crea un modelo del mundo referido en el texto, que
llamaron modelo de situación o modelo mental, en palabras de
Johnson-Laird. La explicación del proceso, así vista, es con fines
meramente explicativos, ya que cada etapa o nivel es ejecutado
automáticamente y se sobreponen unos con otros. Desde que el
lector se compromete con un texto, comienza a decodificarlo,
a reconocer y relacionar su contenido (ideas, recursos estéticos,
estilísticos, temas, etc.) y sus fuentes (autores, espacios textuales,

audiencias). La decodificación se realiza dentro del horizonte del lector, formado por su experiencia lectora y sus conocimientos previos, los cuales predefinen la comprensión y la calidad de vinculación con el texto. Es decir, la lectura se plantea intertextual respecto a los conocimientos y lecturas previas del lector; el intertexto del lector son los demás textos que el lector usa para darle sentido al texto que lee (Lemke, 2004, p. 6), para que el lector construya significado y para que lo comprenda e interprete.

Mendoza define:
El intertexto lector es el mecanismo que activa los saberes y estrategias que permiten reconocer los rasgos y recursos, los usos lingüístico-culturales y los convencionalismos de expresión estética y de caracterización literaria del discurso. La activación del intertexto lector tiene por objeto que el texto establezca asociaciones de diversos tipos durante la recepción. Los distintos elementos del intertexto se activan en la cooperación entre emisor y receptor y en la apreciación de las correspondencias que aparecen recreadas entre textos diversos. El intertexto lector posibilita la identificación de las referencias compartidas entre autor-texto y lector (2001, p. 95).

En el ensayo *El remix visual de Efe de Froy* (Medina TG, 2025), se explica este proceso a nivel visual. Si no hay un reconocimiento de las fuentes, no se completará la semiosis propuesta por el autor; solo se comprenderá parcialmente. Esa parcialidad será la totalidad del lector, quien, desde su horizonte, relaciona los referentes del mural con otros referentes que él reconoce, de tal forma que potencialmente puede cambiar el sentido en el que el autor creó ese texto. Siempre habrá referencias que se escaparán o quedarán inaccesibles.

La creación de significado de uno o varios textos se genera en la vinculación de los textos particulares, en el contenido entre los textos que se conecta y en la fuente del/entre textos. Pero no basta con esto; es necesario considerar los objetivos de lectura, los límites del lector, entre otros factores. Para acercarnos a las diferentes conexiones que influyen y determinan el intertexto, se hará un acercamiento desde el MD, que explica el intertexto lector en su vinculación con el contexto de lectura, el modelo de tarea (o esquema de procesamiento), el modelo intertexto y el modelo integrado. Primor y Katzir definen el MD como [...] *multiple text integration is a process of linking pieces of information from various texts and their sources. Links are formed on the basis of identifying similarities and differences, as well as on inference making on different levels of the text [...]* (2018, p. 13).

El hilo conductor se crea por el tendido de nodos que vinculan lo que existe dentro de los textos, entre los textos de un mismo entorno, entre los textos del entorno con los externos a ellos, con los hipotextos e hipertextos de estos y del entorno con otros semejantes. El hecho de que se parta de que la lectura es intertextual implica colocar a los textos en un transtexto, que es el modelo mental integrado de los textos, en el que estos están vinculados. Es decir, se recupera la intertextualidad de Marsha Kinder, la intertextualidad continuada y en red de los entornos transmedia, que pretende recuperar la translectura.

El Modelo de Documentos Múltiples (MD)

Se presenta el MD englobando diferentes modelos que explican los factores que conforman la lectura de documentos múltiples. Se ha dejado de lado la referencia a los modelos para evitar confusión. Estos son: RESOLV (Reading as Problem Solving), MD-TRACE (Multiple-Document Task-based Relevance Assessment and Content Extraction), KRec-MD (Knowledge Revision Components Framework - Multiple Documents), CSI (Content Source Integration), IF-MT (Integrated Framework of Multiple Texts).

A grandes rasgos, el MD explica la forma en la que el lector crea una representación mental/situacional integrada de diferentes textos. El modelo mental integrado se conforma del modelo mental y del modelo de intertexto, en el que se vinculan los textos. El modelo mental se forma durante el proceso de lectura; la lectura actualiza y pone en escena conocimientos previos y estrategias adquiridas. La importancia del MD es que la lectura de diferentes textos, de diferentes modalidades y de autores distintos, surge por una necesidad de información. Rouet *et al.* (2019) explica que la lectura de MD conlleva procesos de literacidad, porque requiere de la búsqueda y localización de información, de la evaluación de información y la integración de información. En las recientes investigaciones, se ha calificado al MD como una literacidad (Barzilai *et al.*, 2020; Strømsø y Bråten, 2022; Anmarkrud *et al.*, 2014; Bråten *et al.*, 2022).

Creer que lo transmedia y el MD, entre otros, son literacidades se debe a que parten de un marco común: el de la información y los medios, que se basan en la dimensión ontológica de la lectura como necesidad de información para la resolución de un problema. De ahí que Mackey considere aspectos de la literacidad de información y medios como una metaliteracidad: *information literacy is the metaliteracy [...] because it provides the higher order thinking required to engage with multiple document types through various media formats in collaborative environments* (2011, p. 70). En este sentido, existe correspondencia entre las características de la alfabetización mediática e informacional (AMI) y la translectura como el resultado del proceso cognitivo de las MD.

La AMI se resume en tres grandes áreas temáticas principales: el conocimiento y entendimiento de la información, los medios y las comunicaciones; la evaluación del contenido e instituciones relacionadas; y la producción y uso de los contenidos (Grizzle *et al.*, 2023, p. 22). Las competencias y habilidades que se enmarcan en estas áreas se relacionan íntimamente con el uso ético de los medios, la información y la contribución a la sociedad, así como al alcance de los objetivos de desarrollo sostenible.

Hay una correspondencia (Figura 1) entre los componentes de AMI y el proceso descrito en el MD. El conocimiento y entendimiento se refieren al proceso de búsqueda y localización de información. La evaluación de contenido e instituciones está compuesta por dos estadios lectores: el de evaluación de información e integración, que son el corazón del MD. En la producción y uso de los contenidos, el MD solo boceta la construcción del producto y su evaluación, pero no el uso. Encontrar los puntos de coincidencia entre AMI y MD permite integrarlos bajo un mismo arco: las AMI con un enfoque mucho más amplio y con una penetración más profunda en la sociedad que el MD, que los explica a nivel cognitivo.

Figura 1
Correspondencia entre AMI y MD

AMI	MD
Conocimiento y entendimiento de información	Búsqueda y localización de información (Rouet y Potocki, 2019)
Evaluación de contenido e instituciones relacionadas	Evaluar la información (Rouet y Potocki, 2019)
	Integrar la información (Rouet y Potocki, 2019)
Producción y uso de los contenidos	Construcción de producto (Rouet, Britt 2011)
	Evaluación del producto (Rouet, Britt 2011)

Elaboración propia

Preparando el terreno lector: los prompts

El conocimiento y entendimiento de la información es considerado por Rouet *et al.* (2019) como un conjunto de acciones tales como: uso de motores de búsqueda para identificar, acceder, leer, comprender, evaluar, seleccionar un conjunto de textos o pasajes; determinar si los textos son relevantes o no según la necesidad y organizar los textos/elementos de la selección. El objetivo de esta área es que el lector busque extraer elementos relevantes que lo lleven a cumplir la necesidad (Rouet *et al.*, 2019, p. 420). En la Figura 2, las tareas señaladas se desprenden del modelo de tarea y se emplea el código de color para establecer correspondencia entre tareas, competencias y habilidades.

Para llevar a cabo esta área, se crean dos modelos. Según Britt *et al.* (2018), el de contexto y el de tarea. El modelo del contexto incluye: información de la instrucción/solicitud, quién lo solicita, a quiénes va dirigido el producto de la instrucción/solicitud, los obstáculos para cumplir la solicitud, los recursos externos (recursos de información) e internos (habilidades, conocimientos previos, intereses, costo-beneficio) (Rouet, Britt, 2011, p. 23). La instrucción de la solicitud es muy importante. McCrudden escribe que orienta la lectura de tres formas: determina el propósito de la lectura (examen, ensayo, defensa, etc.); apunta a qué leer, lo que afecta la relevancia de los textos y los estándares de relevancia; señala cómo se debe leer o qué estrategias se deben emplear para cumplir con la meta (2018, p. 171). En otras palabras, la instrucción determina el para qué se lee (meta), el qué se lee (textos) y el cómo se lee (estrategias). En este sentido, la instrucción influye en la calidad de búsqueda y en la selección de los textos, porque sirve como un primer criterio de filtrado, al dar una visión de qué texto prestar atención y cómo un texto se transforma en algo relevante.

El modelo de tarea es un esquema de trabajo que se crea con base en la meta final propuesta o sugerida en la instrucción. El lector descompone la meta en una serie de pasos para alcanzarla y monitorea constantemente su avance (Britt *et al.*, 2012). La creación del modelo de tarea se relaciona con valores asociados a la meta. Uno de estos valores es el modelo de contexto, que influye en la manera en que se aplican estrategias de lectura para comprender los textos, se evalúa la relevancia de los textos y pasajes para establecer un número de textos para localizar, leer y hacerse una idea del resultado solicitado (Rouet *et al.*, 2011). Otro valor asociado a la formación del modelo de tarea son los que establecen los límites del lector frente a la instrucción. Estos son: el comportamiento de lectura adaptativo, los recursos limitados, el sentimiento de saber evaluar, el umbral de decisiones y el análisis de costo-beneficio (Britt *et al.*, 2022). Ellos regulan la decisión y acción de los lectores (p. 12).

Aun cuando la instrucción no forma parte directa de la AMI, influye en el proceso que desencadena. La instrucción se entreteje con la representación mental que los lectores tienen de ella y del producto esperado. Todas las instrucciones lectoras promueven la construcción de un modelo situacional, pero no todas requieren la construcción de un modelo de intertexto (Perfetti *et al.*, 2009), y esta es la razón de los MD.

Figura 2
Procesos, tareas y habilidades de conocimiento y entendimiento de la información.

Área AMI	Procesos MD	Tareas MD	Correspondencia con AMI
Conocimiento y entendimiento de la información	Modelo de contexto Modelo de tarea	Identificar meta de la necesidad/ instrucción Búsqueda, localización y acceso Comprensión, relevancia, selección y extracción	AMI 5: Entender lo básico de la tecno digital, herramientas de comunicación y redes y su uso en diferentes contextos y para diversos propósitos AMI 1: Comprender y describir los conceptos claves que utilizan los proveedores de contenido, incluidas las bibliotecas, los medios y las empresas de comunicación digital AMI 3: Aprender a utilizar los comandos de búsqueda en las bases de datos

Área AMI	Procesos MD	Tareas MD	Correspondencia con AMI
			Buscar en el Internet utilizando técnicas relevantes (motores de búsqueda, directorios de temas y puertas de enlace o *gateways*) Identificar palabras claves y los términos relacionados para acceder al contenido necesario Describir y demostrar un entendimiento de los aspectos claves para organizar la información, es decir, utilizar esquenas de clasificación para localizar contenido Seleccionar eficaz y eficientemente los enfoques para acceder al contenido requerido para propósitos de investigación y recolección de información AMI 3: Identificar una variedad de tipos y formatos de potenciales fuentes de contenido. Describir el criterio utilizado para tomar decisiones o elecciones de contenido AMI 4: Usar una variedad de criterios para evaluar textos específicos AMI 5: Describir cómo al ser alfabetizados en medios e información, los estudiantes pueden comprender mejor el contexto social de la IA y cómo interactuar críticamente con los sistemas de IA Analizar las distintas herramientas interactivas de multimedia desarrolladas con *software* abierto, gratuito o licenciado, y evaluar las implicaciones del impacto en la instrucción y el aprendizaje AMI 6: Demostrar la habilidad para evaluar críticamente el contenido en cuanto a su relevancia para el desarrollo sostenible, la ciudadanía democrática y la diversidad cultural
Objetivo: Según la instrucción/necesidad de información, el lector busca textos que le den respuesta			

Elaboración propia con base en MD.

Evaluación de contenido

El objetivo de la evaluación de contenido es validar la información atendiendo a la fuente, las condiciones y las circunstancias que rodean la producción del texto y cómo se relaciona con el contenido, además de la comprensión de la información (Rouet *et al.*, 2019, p. 423). En el proceso de evaluación, hay una tarea elemental: la construcción del modelo intertexto.

El modelo intertexto representa las relaciones que existen entre los documentos y estos con sus fuentes. La relación del texto con su fuente se construye por un nodo de documento, y la relación entre los diferentes textos, por el predicado intertextual.

Los **nodos** de documento vinculan el texto con la fuente. Britt, *et al.* (2012) indica las siguientes categorías de la fuente: autor, fuente, metas retóricas y contenido. La construcción nodal se crea al efectuar la validación del contenido por la fuente. Según Rouet *et al.* (2011), este puede ser un factor para determinar si es relevante en el conjunto de textos (p. 35). Hay una diferencia entre relevante e importante: el texto puede ser importante porque ayuda a comprender o establecer coherencia particular, pero no relevante respecto a la tarea, a alcanzar las metas de la necesidad de información. Rouet y Britt (2011) señalan algunos factores que determinan la relevancia de un texto en cuanto al cumplimiento de las metas: el tema, la confiabilidad y el uso de la información; y, respecto al costo, el acceso y el esfuerzo cognitivo en el procesamiento de información. Richter y Maier (2018) identificaron que el grado de acoplamiento de una pieza de información depende de cuán firmes sean las creencias del lector.

El **predicado** intertextual es un conector textual entre el contenido de los documentos (Britt *et al.*, 2012, p. 289). El predicado es el hipervínculo de los textos, que une el modelo intertexto con el situacional o de documento. Esto crea una red mental de predicados vinculados. Los predicados mantienen la coherencia del MD. Perfetti (2009) escribe que el lector identifica más la información compartida (que adquiere validez por consistencia) que la información diferente o única en cada texto (p. 223). Esto se traduce en que el modelo de textos que crea el lector es un modelo estable, unido por las proposiciones que dan fluidez y coherencia al contenido de diferentes textos. El lector no puede construir un solo modelo mental de documentos si hay contradicciones entre ellos. Cuando el lector se enfrenta a textos conflictivos o disonantes, se activa un modelo de validación (ver Richter y Maier, 2018).

El nodo de documento y los predicados intertextuales enlazan el texto con su fuente y conectan el contenido de un texto con otro. Para realizar la predicación intertextual, es necesario contar primero con un modelo de textos, de documentos.

Integración de información

Este es el segundo componente del área de evaluación del contenido (Figura 4). El objetivo de la integración es la creación de un modelo de documentos unido por predicados intertextuales, sobre los cuales el lector podrá crear un producto mediático en respuesta a la necesidad de información o instrucción.

El modelo MD (Figura 3) es la representación final formada por el modelo intertextual y el modelo integrado (Perfetti *et al.*,

2009). El modelo de documentos no se construye por la adición de los modelos de situación de cada texto, sino que construye una situación en la que las conexiones entre textos especifican su relación a lo largo y a través de los textos, además adjunta al contenido con su respectiva fuente (p. 38).

Figura 3
Modelo de documentos

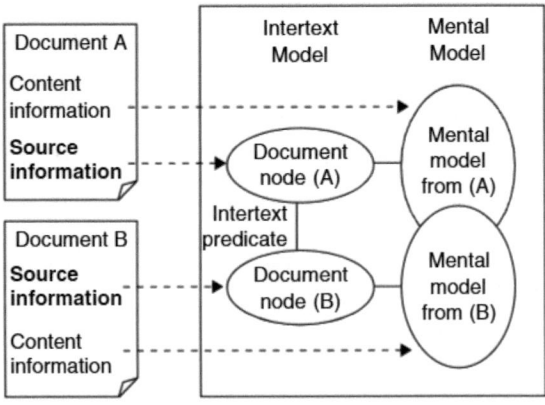

Tomado de Rouet, 2012, p. 285

El modelo integrado se compone de tres fases. La primera es la integración a nivel de texto base (Perfetti *et al.*, 2009; Betterfuss *et al.*, 2021), en la que se acopla el conocimiento previo con la nueva información; el texto activa contenidos almacenados en la memoria a largo plazo y activa la representación del texto que se lee. La segunda fase, siguiendo a Betterfuss (2021), es la integración de la red interconectada del conocimiento previo al modelo contextual y de tarea (p. 4). El resultado de esta fase es un modelo situacional más conformado respecto al primero. La tercera fase es cuando el modelo de documentos se encuentra integrado en su totalidad. Los lectores, explica Rouet *et al.* (2020), integran los contenidos para solucionar las incoherencias, inconsistencias y discrepancias de información. El modelo de documentos es capaz de dar respuesta a qué está dicho en el texto, quién lo dijo y por qué, y es capaz de afrontar los espacios en blanco o posibles conflictos (p. 31). Los lectores reflejan su construcción del modelo de documentos en los productos textuales que generan a partir de la instrucción. Perfetti *et al.* (2009) identificó cuatro tipos: modelo de representación separada, modelo plasta, modelo todo etiquetado y modelo integrado.

Figura 4
Procesos, tareas y habilidades Evaluación de contenido e instituciones relacionadas

Área AMI	Procesos MD	Tareas MD	Correspondencia con AMI
Evaluación de contenido e instituciones relacionadas	Evaluar la información	Modelo intertexto	Evaluar el contenido información en términos de confiabilidad, validez, exactitud, autoridad, actualidad y sesgo Reconocer perjuicio, odio, engaño o manipulación Distinguir los diferentes tipos de contenido falso y engañoso, es decir, desinformación, información falsa e información errónea, incluidas las teorías y mitos de conspiración. Describir cómo funcionan el *trolling* y el *clickbait*, incluso en relación con la desinformación, «falsificaciones profundas» y posibilidades de manipulación digital Reconocer los contextos culturales, sociales y otros dentro de los cuales fue creado el contenido y comprender el impacto del contexto al interpretarlo -Utilizar un rango de estrategias para interpretar textos (p. ej. sacar conclusiones, generalizar, hacer una síntesis de los materiales revisados, referirse a imágenes o información en los medios visuales que apoyen un punto de vista, analizar un contenido para determinar los sesgos subyacentes y decodificar el subtexto) Identificar los códigos y convenciones usados para transmitir mensajes en una variedad de contenido.

Área AMI	Procesos MD	Tareas MD	Correspondencia con AMI
			-Analizar cómo se identifican y se escogen las audiencias, explícita e implícitamente y el papel de los algortimos en ellos AMI6: Evaluar a los proveedores de contenido como actores para el diálogo intercultural.
	Objetivo: Relacionar el contenido con la fuente y el contenido de diferentes fuentes		
Integración de información	Modelo de situación

Modelo integrado

Modelo de múltiples documentos | | AMI 4: Comparar el nuevo conocimiento con el conocimiento previo para determinar el valor añadido, las contradicciones u otras características únicas del contenido Evaluar las formas en las cuales el medio y sus códigos particulares y sus convenciones pueden moldear el mensaje que se transmite Evaluar el contenido que puede ser transmitido a través del uso de un medio en particular AMI 6: Debatir de una forma crítica los principios básicos al hacer juicios de valor sobre las noticias o al dar forma a las mismas Explorar y consultar estos temas en sus contextos personales, locales y sociales AMI 2: Explorar las representaciones, las representaciones erróneas y la falta de representación en el contenido |
| | Objetivo: Integrar en un solo modelo los textos para resolver conflictos de información | | |
| Objetivo: Crear un modelo de documentos en el que se interconecte el modelo intertexto de situaciones. | | | |

Elaboración propia con base teórica expuesta

El etiquetado en la translectura

En los modelos involucrados en el proceso de MD, hay tareas que se intercalan y sobreponen, como las que se abordan a continuación. La autorregulación y el automonitoreo permeabilizan desde el inicio de la construcción del modelo de tarea hasta la creación del modelo integrado. Esto se debe a que el lector plantea su ruta y la modifica con cada avance, idea o conexión que realiza sobre lo que lee. Así, el modelo de tarea se actualiza constantemente durante el progreso y se reestructura.

La evaluación es otro elemento que atraviesa el MD; se evalúan las fuentes para seleccionarlas, también se evalúan los textos según la relevancia, se evalúa el costo-beneficio, el procesamiento y la validación. Otro elemento que permea es la vinculación. Se comienza vinculando los textos con el objetivo lector, vinculando con la fuente, entre contenidos, entre predicados, hasta llegar a una abstracción de todos esos predicados. En la vinculación se aprecia la habilidad de etiquetado del texto con las fuentes para: detectar versiones de una misma situación, identificar discrepancias entre las versiones, señalar tipos de modificación, encontrar patrones, crear nodos de documentos y predicados.

La conexión entre los nodos de fuente y los predicados es el centro del modelo integrado, y es lo que parece diferenciar la lectura de un solo texto de la lectura de múltiples textos. En este sentido, ¿cómo se crean estos vínculos? ¿Qué habilidades y estrategias se requieren? Considero que la habilidad de etiquetar es un elemento primordial del intertexto lector. Por un lado, es resultado de un proceso de inferencia respecto a las particularidades del lector para crear la representación mental de los textos.

Por otro, es una herramienta para determinar los patrones entre los textos y, por lo tanto, su conectividad.

El etiquetado es un proceso asociativo que activa elementos clave en la lectura según el intertexto lector. El etiquetado lo retomo desde el proceso de inferencias que explica Paul van den Broek (2011). Si se parte de que el texto es una conectividad de evento-causa, entonces el modelo integrado será una red que vincula eventos con otros (van den Broek, 1985, p. 613). Cuando el lector comienza a leer, conecta los eventos con otros anteriores almacenados en su memoria, que forman parte de su conocimiento previo y de sus experiencias lectoras. El lector realiza varias inferencias no solo para llenar espacios en blanco dejados por el autor del texto, sino para acercarse al texto desde el horizonte que posee y tejer puentes hacia él. Este tipo de inferencia, que mantiene lo «local» del texto entre eventos individuales que se mantienen coherentes, se llama inferencia conectiva.

Las inferencias conectivas se realizan mediante un proceso asociativo que activa, reactiva y asocia conceptos sobre los que recae la atención del lector. En primer lugar, hay ideas o conceptos que llaman la atención al lector en el segmento del texto recién leído. En segundo lugar, los elementos leídos del texto conservan parte de su activación; las activaciones de elementos del texto decrecen durante la lectura, aunque otros se mantienen.

En tercer lugar, los elementos del texto que se han leído son reactivados mediante un proceso asociativo automático. Es decir, el etiquetado: a través de ese proceso, el elemento activo en la lectura desencadena la activación de otros elementos que se han asociado con él (van den Broek, 2011, p. 638). El lector requiere una categorización, palabra o concepto clave que aglutine esas asociaciones; es decir, los etiqueta.

En cuarto lugar, cuando se reactivan los conceptos de lectura, se establecen diversos tipos de relaciones basadas en la coherencia semántica, como referenciales, causales, psicológicas, temporales, etc. Si el lector tiene estándares de coherencia elevados, hay mayor número de conexiones dentro del texto y, por lo tanto, un mayor número de etiquetas que vincula.

Esto apunta a otro tipo de etiquetado: el que busca patrones entre los múltiples textos, es decir, el razonamiento relacional, que forma parte de las metaestrategias. Según Patricia Alexander *et al.* (2012), las metaestrategias son procedimientos de alto impacto que posee un lector para comprender y responder flexiblemente a las demandas amplias en distintos textos, tareas, tiempos y contextos (p. 270). Las metaestrategias se componen de la metacognición, estrategias autorreguladoras, estrategias epistémicas y razonamiento relacional. A excepción de la epistémica, estas también se conocen como funciones ejecutivas. La metacognición se refiere a cuando los lectores reflexionan sobre experiencias cognitivas, comparan su comprensión frente a una tarea y consideran las acciones que deben tomar. La autorregulación sirve para desarrollar una tarea en un contexto específico, ya que las personas deben ser capaces de ejercer control no solo de sus conocimientos, sino también de sus motivaciones, condiciones físicas, estado de ánimo y aspectos afectivos y emocionales. Las estrategias epistémicas son los criterios que las personas aplican para justificar sus acciones y validar sus afirmaciones. Las estrategias de razonamiento relacional se ejecutan para reconocer patrones significativos en un flujo de datos (Alexander, 2016, p.

2) o derivar relaciones significantes o patrones entre y a lo largo de textos o piezas de información que podrían parecer no relacionadas (Alexander, 2012, p. 272). El razonamiento relacional forma parte de las funciones ejecutivas (Alexander, 2016; Starr *et al.*, 2022; Doumas, 2018; Rahman, 2022). Alexander se centra en cuatro: analogía, discrepancia, antinomia y antítesis.

La propuesta de las inferencias de van den Broek explica la activación, pero una activación no lleva a una integración en el modelo mental; este requiere mantener relaciones entre el predicado y los nodos. Los lectores infieren que se requiere una conclusión que vincule de manera integral todas las unidades activadas y etiquetadas en los textos, generando un predicado intertextual, para lo cual ayuda el razonamiento relacional. De acuerdo con las investigaciones en el campo (Incognito y Trachi, 2023; Isiksalan, 2018; Brox, 2018; Espinas, 2024), el razonamiento relacional requiere más esfuerzo y consciencia por parte del lector.

Como se aprecia, hemos caído de nuevo en la dicotomía de inferencias automáticas ligadas al etiquetado inconsciente, opuestas a las conscientes del razonamiento relacional. Esto nos lleva a reflexionar sobre la función de la inferencia como activador en la formación del modelo mental y como elemento que coadyuva a la integración en el modelo de integración.

Ahora bien, por un lado, en un entorno transmedia hay varios textos, pero también los textos son heterogenéricos y multimodales. ¿Se infiere igual un diagrama que una sucesión de signos? ¿Las modalidades y el género del texto influyen en la creación de modelos mentales? ¿Se procesan de la misma manera? Aun cuando Alexander y su equipo hayan construido una métrica para medir el pensamiento relacional conectado a las funciones ejecutivas, tanto en lo figural como en las representaciones lingüísticas (TORR y vTorr), concluyen que el razonamiento relacional es maleable (Alexander, 2016; Danielson, 2017), es adaptativo y transferible (Walker, 2018; Gray, 2020). Esto podría ser antagónico al aprendizaje multimedia de Richard Mayer (2009), quien considera que lo multimedia está constituido por su dualidad imagen y palabras, y que los seres humanos poseemos dos canales separados para procesar la información dada en imágenes y la dada en palabras. Mayer se basa en que el lector tiene una capacidad limitada de procesamiento de información y de memoria sensorial. Sin embargo, en la propuesta de Shnötz (2010) se observa que, aun cuando haya diferencias en la percepción y el procesamiento semántico, se llega a la representación del modelo mental y las representaciones proposicionales. Esto se reafirma en la investigación de Kendeou (2008), para quien las inferencias son generalizadas a lo largo de diferentes medios y son independientes de los factores ligados a la materialidad, género, modalidad y estilos cognitivos.

Por otro lado, debemos tener en cuenta que los procesos de inferencia y razonamiento relacional, al basarse en contextos individuales, crean sesgos. Kendeou (2017) escribe que el conocimiento mal concebido a nivel individual lleva a: falsas creencias, modelos mentales desportillados, erróneos, categorías ontológicas incorrectas y pérdida de esquema (p. 35). Potter, a su vez, también refiere una lista sucinta de posibles sesgos por el razonamiento relacional y heurístico (ver 2009, p. 208-227).

La AMI tiene características del razonamiento relacional e inferencial. AMI 4: Comparar el nuevo conocimiento con el conocimiento previo para determinar el valor añadido, las contradicciones u otras características únicas del contenido. Utilizar un rango de estrategias para interpretar textos. AMI 7: Entender y utilizar estrategias de evaluación formal e informal para desarrollar conocimientos y destrezas para una lectura, visualización y escucha críticas, entre estudiantes/ciudadanía. Como es visible, falta abonar a las metaestrategias, que son funciones adaptativas y que ayudarán a los lectores a desarrollar estrategias aplicables a diferentes contextos informativos y de comunicación.

Recapitulación

Lo que he deseado rescatar en este capítulo es que la lectura de las NT se explica y amplía con la translectura, en la que se dispone de múltiples textos de diferente especie, y que es necesario insertarla en el flujo de discusión al que pertenece, sin aislarla como un nuevo fenómeno. Así, se ha engarzado la alfabetización transmedia con su idea originaria de translectura, con la teoría cognitiva de la lectura de múltiples documentos y con competencias que ya están integradas en la AMI de la UNESCO. Se encontró que AMI no incorpora las metaestrategias e inferencias que ayudan a realizar la translectura. Este capítulo se ha centrado en el proceso de translectura más que en la construcción de un perfil lector, es decir lo que «un lector ideal debe de...» para asentarse en lo que el lector hace según las conclusiones a la que llegan las investigaciones en campo que se retomaron. El enfoque también ha priorizado el proceso cognitivo sobre las habilidades tecnológicas, dando por sentado su funcionalidad en el proceso lector.

Referencias

Albarello, F. (2019). *Lectura transmedia: Leer, escribir, conversar en el ecosistema de pantallas*. Ampersand.

Alexander, P.A., The Disciplined Reading and Learning Research Laboratory. (2012). «Reading Into the Future: Competence for the 21st Century». *Educational Psychologist*. 47(4), 259-280. http://dx.doi.org/10.1080/00461520.2012.722511.

Alexander, P. A. (2016). Relational thinking and relational reasoning: harnessing the power of patterning, *Science of Learning*, 1(16004), 1-7. doi:10.1038/npjscilearn.2016.4

Allen, G. (2021). *Intertextuality*. 3.ª. Routledge.

Anmarkrud, Ø., Bråten, I., Strømsø, H. (2014). «Multiple-documents literacy: Strategic processing, source awareness, and argumentation when reading multiple conflicting documents». *Learning and Individual Differences*. 30, 64-76. 10.1016/j.lindif.2013.01.007.

Barzilai, S., Mor-Hagani, Sh., Zohar, A. *et al.* (2020). «Making sources visible: Promoting multiple document literacy with digital epistemic scaffolds». *Computers & Education*. 157, 103980. https://doi.org/10.1016/j.compedu.2020.103980.

Butterfuss, R., Panayiota K. (2021). «KReC-MD: Knowledge Revision with Multiple Documents». *Educational Psychology Review*. 33, 1475-1497.

Bloome, D., Hong, H. (2012). «Reading and Intertextuality »en C.A. Chapelle (Ed.). *The Encyclopedia of Applied Linguistics* (pp. 1-7).Wiley. https://doi.org/10.1002/9781405198431.wbeal0996.

Bråten, I., Strømsø, H. (2022). *Multiple Documents Literacy:Theory, Research and Application*. Oxford Bibliographies in Education

Bråten, I., Brandmo, Ch., Ferguson, L., Strømsø, H. (2022). «Epistemic justification in multiple document literacy: A refutation text intervention». *Contemporary Educational Psychology*. 71, 102122, 1-19, https://doi.org/10.1016/j.cedpsych.2022.102122.

Britt, M. A., Perfetti, Ch., Sandak, R., Rouet, J-F. (1999). «Content integration and source separation in Learning from multiple text» en S. Goldman, A. Graesser y P. van den Broek (Eds.). *Narrative Comprehension, Causality, and Coherence* (pp. 209-233). Routledge.

Britt, M. A., Rouet, J-F. (2012). «Learning with Multiple Documents Component Skills and Their Acquisition» en J. Kirby y M. Lawson (Eds.). *Enhancing the Quality of Learning* (pp. 276-314). Cambridge UP.

Britt, M. A., Durik, A., Rouet, J-F. (2022). «Reading Contexts, Goals, and Decisions: Text Comprehension as a Situated Activity». *Discourse Processes*, 59 (5-6), 361-378. 10.1080/0163853X.2022.2068345. hal-03873671.

Britt, M. A., Rouet, J.-F., Durik, A. (2018). «Representations and processes in multiple source use» en J. L. G. Braasch, I. Braten y M. T. McCrudden (Eds.). *Handbook of Multiple Source Use* (pp. 17-33). Routledge.

Collins, A., Larkin, K. (2018/1980). «Inference in Text Understanding» en R. J. Spiro, B. C. Bruce, W. F. Brewer (Eds.). *Theoretical Issues in Reading Comprehension* (pp. 386-407). Lawrence Erlbaum Associates.

Cromley, J., Kunze, A., Aygül Parpucu, D. (2021). «Multitext multi-modal reading processes and comprehension». *Learning and Instruction*. 71, 101413, doi.org/10.1016/j.learninstruc.2020.101413.

Danielson, R., Dinatra, G. (2017). «A Relational Reasoning Approach to Text-Graphic Processing». *Education Psychology Review*. 29:55-72. DOI 10.1007/s10648-016-9374-2.

Doumas, A. A., Morrison, R. G., Richland, L. E. (2018). «Individual differences in relational learning and analogical reasoning: A computational model of longitudinal change». *Frontiers in Psychology: Cognitive Science*. 9:1235. doi: 10.3389/fpsyg.2018.01235.

Gee, J. P. (2002). «Literacies, identities, and discourses» en M.J. Schleppegrell, M. C. Colombi (Eds.). *Developing Advanced Literacy in First and Second Languages: Meaning With Power*. (pp. 159-175). Taylor and Francis. https://doi.org/10.4324/9781410612298-13.

Gray, M., Holyoak, K. (2020). «Individual differences in relational reasoning». *Memory & Cognition*. 48, 96-110. https://doi.org/10.3758/s13421-019-00964-y.

Goldman, S. (2004). «Cognitive aspects of structuring meaning through and across multiple texts» en N. Shuart-Faris y D. Bloome (Eds.). *Uses of intertextuality in classroom and educational research*. (pp. 317-351). Information Age Press.

Hartman, D. K. (2004). «Deconstructing the Reader, the Author, and the Context. Intertextuality and Reading form "Cognitive" Perspective» en N. Shuart-Faris y D. Bloome (Eds.). *Uses of intertextuality in classroom and educational research*. (pp. 317–371). Information Age Press.

Hovious, A. (2018). «Toward a socio-contextual understanding of transliteracy», *Reference Services Review*. 46(2), 178-188.

Kendeou, P. Butterfuss, R. *et al.* (2017). «Integrating Relational Reasoning and Knowledge Revision During Reading»,

Educational Pschycology Review. 29, 27-39. DOI 10.1007/s10648-016-9381-3.

Kintsch, W., Dijk, T. A van. (1983). «Strategies of discourse comprehension». Academic Press.

Kendeou, P., Bohn-Gettler, C., White, M.J., Van den Broek, P. (2008). «Children's inference generation across different media», *Journal of Research in Reading*. 31(3), 259-272. https://doi.org/10.1111/j.1467-9817.2008.00370.x.

Lemke, J. (2004). «Intertextuality and Educational Research» en N. Shuart-Faris y D. Bloome (Eds.). *Uses of intertextuality in classroom and educational research* (pp. 3-15). Information Age Press.

Mackey, T. P., Jacobson, T. E. (2011). «Reframing information literacy as a metaliteracy», *College & Research Libraries*. 72(1), 62-78.

Magliano, J. P., Loschky, L., Clinton, J., & Larson, A. (2013). «Differences and similarities in processing narratives across textual and visual media »en B. Miller, L. Cutting, P. McCardle (Eds). *Unraveling the Behavioral, Neurobiological, and Genetic Components of Reading Comprehension*. (pp. 78–90). Paul Brookes Publishing.

Magliano, J., McCrudden, M., Rouet, J-F., Sabatini, J. (2017). «The Modern Reader. Should Changes to How We Read Affect Research and Theory?» en M. Schober, D. Rapp, A. Britt (Eds.). *The Routledge Handbook of Discourse Processes*. (pp. 343-361). Routledge,

Mahlow, N., Hahnel, C., Kroehne, U., Artelt, C., Goldhammer, F. Schoor, C. (2020). «More Than (Single) Text Comprehension?» en University Students' Understanding of Multiple Documents. *Frontiers in Psychology*, 11:562450, 1-17. doi: 10.3389/fpsyg.2020.562450.

Mayer, R. E. (2009). *Multimedia Learning*. Cambridge UP.

McCrudden T. M. (2018). «Text relevance and multiple-source use» en J. L. G. Braasch, I. Braten, M. T. McCrudden (Eds.). *Handbook of Multiple Source Use.* (pp. 168-183). Routledge.

Medina Téllez Girón, A. (2025). Porous Border: the Intersemiosis in Efe de Froy Visual Remix en E. Camilo y K. Bouziane (Eds). *Transcultural Media Narratives.* (pp. 71-91). LabCom.

Mendoza Fillola, A. (2001). *El intertexto lector: el espacio de encuentro de las aportaciones del texto con las del lector.* Ediciones de la Universidad de Castilla-La Mancha.

Perfetti, C., Rouet, J-F., Britt, M. A. (2009/1999). «Toward a Theory of Documents Representation» en S. Goldman y H. Oostendorp (Eds.). *The Construction of Mental Representations During Reading.* (pp. 102-122). Taylor&Francis.

Pope, R. (2002). *The English Studies Book. An introduction to language, literature and culture.* Routledge.

Potter, J. W. (2004). *Theory of Media Literacy. A Cognitive Approach.* Sage.

Primor, L., Katzir, T. (2018). «Measuring Multiple Text Integration: A Review», *Frontiers in Psychology.* 9:2294, 1-16. doi: 10.3389/fpsyg.2018.02294.

Rahman, T., Alexander, P., Chae, S. E. (2022). «Readers Attributes, Task Attributes and Reading Comprehension Profeciency: The Relation Revealed by Two Analytic Approaches», *Reading Psychology.* 43(7), 495-522. https://doi.org/10.1080/02702711.2022.2126044.

Richter, T., Maier, J. (2018). «The role of validation in Multiple-Document Comprehension» en J. L. G. Braasch, I. Braten, M. T. McCrudden (Eds.). *Handbook of Multiple Source Use.* (pp. 151-164). Routledge.

Rouet, J.-F., Britt, M. A. (2011). «Relevance processes in multiple document comprehension» en M. T. McCrudden, J. P. Magliano, G. Schraw (Eds.). *Text relevance and learning from text.* (pp. 19-52). Information Age Publishing.

Rouet, J. F, Saux, G., Ros, C., Stadtler, M., Vibert, N., *et al.* (2020). «Inside Document Models: Role of Source Attributes in Readers' Integration of Multiple Text Contents», *Discourse Processes.* 58(1), 60-79. https://doi.org/10.1080/016385 3X.2020.1750246.

Rouet, J.-F., Britt, M.A., Potocki, A. (2019). «Multiple text comprehension» en J. Dunlosky y K. Rawson (Eds.). *Cambridge Handbook of Cognition and Education.* (pp. 356-380). Cambridge UP.

Schnötz, W. y Horz, H. (2010). *Multimedia: How to Combine Language and Visuals.* Creative Commons.

Schoor, C., Hahnel, C., Mahlow, N., Klagges, J., Kroehne, U., Goldhammer, F., *et al.* (2020). «Multiple document comprehension of university students: test development and relations to person and process characteristics» en O. Zlatkin-Troitschanskaia, H. A. Pant, M. Toepper, C. Lautenbach (Eds.). *Learning in German Higher Education- Innovative Measurement Approaches and Research Results.* (pp. 221–240). Springer. doi: 10.1007/978-3-658-27886-1_11

Scolari. C. (2016). «El translector. Lectura y narrativas transmedia en la nueva ecología de la comunicación» en J. A. Millán (Ed.). *La lectura en España.* (pp. 175-186). Federación de Gremios de Editores de España.

Scolari, C. (2018). *Alfabetismo transmedia en el nuevo ecosistema de los medios.* Horizon 2020.

Scolari. C., Lugo Rodríguez, N., Masanet, M. J. (2019). «Educación transmedia. De los contenidos generados por los usuarios a los contenidos generados por los estudiantes», *Revista Latina de Comunicación Social*. 74, 116-132. DOI:10.4185/RLCS-2019-1324

Starr, A., Leib, E. R., Ypunger, J. W., Bunge, S. A. (2022). «Relational thinking: An overlook component of executive functioning», *Developmental Science*. 26(3), 1-18. doi:10.1111/desc.13320.

Van den Broek, P., Trabasso, T. (1985). «Causal Thinking and the Representation of Narrative Events», *Journal of Memory and Language*. 24, 612-630.

Van den Broek, P., Yeari, M. (2011). «A cognitive account of discourse understanding and discourse interpretation: The Landscape Model of reading». *Discourse Studies*. 13, 635-643. DOI: 10.1177/1461445611412748.

Walker, C., Hubachek, S., Vendetti, M. (2018). «Achieving Abstraction: Generating Far Analogies Promotes Relational Reasoning in Children», *American Psychological Association*. 54(10), 1833-1841. http://dx.doi.org/10.1037/dev0000581.

Wilson C., Gordon, D., Grizzle, A. (2023). *Pensar críticamente, hacer clic sabiamente*. Trad. UNIMINUTO. UNESCO.

Sobre la autora

Andrea Medina Téllez Girón se dedica a la investigación independiente de temas relacionados con la educación, el proceso
lector y el análisis de textos culturales. Cuenta con un doctorado
en Educación, maestría en Literatura latinoamericana con ter-
minación en hermenéutica y una licenciatura en enseñanza del
español como lengua extranjera y literatura hispanoamericana.